BESTACTIVITYBOOKS.COM

PRIMA EDIZIONE 2022

Illustrazione Grafica Extra: www.freepik.com
Grazie a Alekksall, Starline, Pch.vector, Rawpixel.com, Vectorpocket, Dgim-studio, Upklyak, Macrovector, Stockgiu, Pikisuperstar & Freepik.com Designers

5 CONSIGLI PER INIZIARE

1) COME RISOLVERE LE PAROLE INTRECCIATTE

I puzzle hanno un formato classico:

- Le parole sono nascoste senza spazi o trattini,...
- Orientamento: Le parole possono essere scritte in avanti, indietro, verso l'alto, verso il basso o in diagonale (possono essere invertite).
- Le parole possono sovrapporsi o intersecarsi.

2) APPRENDIMENTO ATTIVO

Accanto ad ogni parola c'è uno spazio per scrivere la traduzione. Per incoraggiare l'apprendimento attivo, un **DIZIONARIO** alla fine di questa edizione vi permetterà di controllare e ampliare le vostre conoscenze. Cerca e scrivi le traduzioni, trovale nel puzzle e aggiungile al tuo vocabolario!

3) SEGNARE LE PAROLE

Puoi inventare il tuo sistema di segni. Forse ne usi già uno? Per esempio, puoi segnare le parole difficili da trovare con una croce, le parole preferite con una stella, le parole nuove con un triangolo, le parole rare con un diamante, e così via.

4) STRUTTURARE L'APPRENDIMENTO

Questa edizione offre un **TACCUINO** alla fine del libro. In vacanza, in viaggio o a casa, puoi organizzare facilmente le tue nuove conoscenze senza bisogno di un secondo quaderno!

5) AVETE FINITO TUTTE LE GRIGLIE?

Nelle ultime pagine di questo libro, nella sezione della **SFIDA FINALE**, troverete un gioco gratuito!

Facile e veloce! Dai un'occhiata alla nostra collezione di libri di attività per il tuo prossimo momento di divertimento e **apprendimento,** a portata di clic!

Trova la tua prossima sfida su:

BestActivityBooks.com/MioProssimoLibro

Ai vostri posti, pronti...Via!

Sapevi che ci sono circa 7.000 lingue diverse nel mondo? Le parole sono preziose.

Amiamo le lingue e abbiamo lavorato duramente per creare libri di altissima qualità. I nostri ingredienti?

Una selezione di argomenti adatti all'apprendimento, tre buone porzioni di intrattenimento, una cucchiaiata di parole difficili e una spolverata di parole rare. Li serviamo con amore e entusiasmo in modo che tu possa risolvere i migliori giochi di parole e divertirti imparando!

La vostra opinione è essenziale. Puoi partecipare attivamente al successo di questo libro lasciandoci un commento. Ci piacerebbe sapere cosa ti è piaciuto di più di questa edizione.

Ecco un link veloce alla pagina dell'ordine:

BestBooksActivity.com/Recensione50

Grazie per il vostro aiuto e buon divertimento!

Tutta la squadra

1 - Scacchi

С	Ж	Л	Ч	К	О	Р	О	Л	Ь	Т	О	Ч	К	И	А
Х	Т	Т	Н	Е	Н	О	П	П	О	Н	Щ	П	О	Ъ	Я
Ч	Ж	Р	Ж	Ы	М	Л	Т	Х	М	Е	Я	М	Р	Ъ	Д
Д	Т	Л	А	У	Г	П	Ж	О	В	Ж	Р	Ж	Г	Х	П
П	И	К	У	Т	Т	Щ	И	У	М	Н	Ы	Й	И	Т	Р
А	Ц	А	Н	М	Е	Н	Н	О	И	Г	Р	А	Ю	Я	О
Т	Щ	В	Г	Д	Й	Г	Й	Ы	Н	Р	Е	Ч	П	К	Б
Л	Ш	Т	Ю	О	Ы	Х	И	Д	К	Д	У	Т	Т	К	Л
С	К	Р	Ъ	Д	Н	Н	Ж	Я	М	Е	Р	В	П	Б	Е
Б	П	Е	Щ	Ы	В	А	К	О	Р	О	Л	Е	В	А	М
Е	Х	Ж	Х	Б	И	Л	Л	Ч	Щ	Ж	П	Ш	К	В	Ы
Л	И	Н	Б	Е	С	И	А	Ь	Р	Ш	Х	Ю	М	М	И
Ы	Ч	Я	Ю	Н	С	В	К	О	Н	К	У	Р	С	Ч	Ч
Й	С	Ц	М	Ъ	А	А	П	Ц	Ю	Т	Л	Л	П	Н	М
И	Ж	В	Ч	Т	П	Р	И	Н	Р	У	Т	М	Ъ	У	С
В	Ч	А	Ц	О	К	П	Ч	Ц	Ъ	У	Щ	Р	П	Х	С

ОППОНЕНТ
БЕЛЫЙ
ЧЕМПИОН
КОНКУРС
ДИАГОНАЛЬ
ИГРОК
ИГРА
УМНЫЙ
ЧЕРНЫЙ
ПАССИВНЫЙ
ТОЧКИ
КОРОЛЬ
КОРОЛЕВА
ПРАВИЛА
ЖЕРТВА
ПРОБЛЕМЫ
СТРАТЕГИЯ
ВРЕМЯ
ТУРНИР

2 - Salute e Benessere #2

Г	З	П	Щ	Д	Х	М	Ы	Б	Ш	Ц	Ь	К	Ц	Н	Ъ
Е	Д	Я	И	М	О	Т	А	Н	А	Б	Я	Г	Ъ	А	Б
Н	О	И	Ж	Т	А	Д	О	Б	Р	Ч	И	Ь	Е	Л	Б
Е	Р	Н	А	Ж	А	С	С	А	М	Е	Р	Ч	Ж	Л	О
Т	О	Ф	В	Ю	Т	Н	Я	А	К	Р	О	В	Ь	Е	Л
И	В	Е	В	Ч	Е	Ш	И	Н	Ю	Ь	Л	Ч	М	Р	Ь
К	Ы	К	В	Щ	И	И	Г	Е	А	И	А	Ь	Ж	Г	Н
А	Й	Ц	Г	Е	Д	Ь	Р	И	Б	П	К	Н	С	И	И
А	Р	И	У	Щ	С	С	Е	Г	Ъ	Ф	П	З	Ъ	Я	Ц
К	А	Я	Ю	Л	Ц	Л	Н	И	В	В	П	Е	Б	В	А
Ц	Я	Ю	Ц	Х	У	Г	Э	Г	Р	Ы	Ж	Л	Т	Ж	Е
П	И	Щ	Е	В	А	Р	Е	Н	И	Е	В	О	Ц	И	Х
Т	Е	Л	О	Ъ	Р	Л	Ф	П	Ю	Ж	Ю	Б	П	И	Т
О	Б	Е	З	В	О	Ж	И	В	А	Н	И	Е	С	Ш	Ж
Ж	У	Х	И	Ж	Р	Я	В	И	Т	А	М	И	Н	Ь	Ы
Ъ	Щ	Н	Ж	Г	О	Л	А	И	Н	Ы	Ж	Ь	Т	Р	Р

АЛЛЕРГИЯ
АНАТОМИЯ
АППЕТИТ
КАЛОРИЯ
ТЕЛО
ДИЕТА
ПИЩЕВАРЕНИЕ
ОБЕЗВОЖИВАНИЕ
ЭНЕРГИЯ
ГЕНЕТИКА
ГИГИЕНА
ИНФЕКЦИЯ
БОЛЕЗНЬ
МАССАЖ
ПИТАНИЕ
БОЛЬНИЦА
ВЕС
КРОВЬ
ЗДОРОВЫЙ
ВИТАМИН

3 - Aggettivi #2

Л	Ц	П	С	Л	А	Д	К	И	Й	П	Й	Н	А	Е	Д
Й	Ю	М	Р	Л	М	Н	Ч	Т	А	Д	Ы	З	У	С	Р
Ы	Ш	М	С	О	С	Н	Ь	Л	Ы	Ц	Н	Д	Т	Т	А
Н	К	А	С	Ъ	Д	Ю	Ъ	П	В	Ф	Ь	О	Е	Е	М
Т	А	Ч	Ж	Л	Г	У	Т	Ы	Н	А	Л	Р	Н	С	А
Н	И	У	Ю	О	Щ	И	К	Д	О	И	А	О	Т	Т	Т
А	Е	К	Ж	Ю	Х	Г	З	Т	Ю	Ц	М	В	И	В	И
Г	О	Л	О	Д	Н	Ы	Й	В	И	Н	Р	Ы	Ч	Е	Ч
Е	Ч	Щ	Щ	С	И	Л	Щ	Р	Е	В	О	Й	Н	Н	Е
Л	Д	Б	Б	Ь	У	Ц	Ю	Ь	Ш	С	Н	Й	Ы	Н	С
Э	Д	В	Ш	Ф	Й	Х	В	Я	Ц	О	Т	Ы	Й	Ы	К
С	И	Л	Ь	Н	Ы	Й	О	Ш	А	Щ	Я	Н	Й	Й	И
Н	О	В	Ы	Й	Т	Ф	Ю	Й	Ш	П	Ч	Е	Ы	Ц	Й
Н	Н	Й	Ы	Н	С	Е	Р	Е	Т	Н	И	Л	В	Й	О
Я	О	Ж	М	Н	И	Г	О	Р	Д	Ы	Й	О	К	П	Я
Й	И	К	С	Е	Ч	Р	О	В	Т	Ф	Л	С	Т	Я	Ю

ГОЛОДНЫЙ
СУХОЙ
АУТЕНТИЧНЫЙ
ТВОРЧЕСКИЙ
СЛАДКИЙ
ДРАМАТИЧЕСКИЙ
ЭЛЕГАНТНЫЙ
ИЗВЕСТНЫЙ
СИЛЬНЫЙ
ИНТЕРЕСНЫЙ
ЕСТЕСТВЕННЫЙ
НОРМАЛЬНЫЙ
НОВЫЙ
ГОРДЫЙ
ПРОДУКТИВНЫЙ
ЧИСТЫЙ
СОЛЕНЫЙ
ЗДОРОВЫЙ

4 - Pesca

А	У	У	Щ	Ш	О	Ы	П	Т	Ц	П	И	Ж	Я	Р	Ы
К	Р	Ю	К	В	Б	Щ	Щ	Х	Ы	Р	Б	А	Ж	Е	Л
Н	Ъ	Е	Х	Е	О	Ь	Л	Е	О	Е	Х	К	К	К	В
О	М	И	Е	С	Р	П	Т	Д	Х	У	Ц	Д	О	А	Ф
М	З	Н	Ч	А	У	Л	Л	С	Е	В	Ъ	О	Р	Ц	Т
Ы	Х	Е	К	Г	Д	К	Ь	Ш	Ю	Е	Ы	Л	З	Ю	К
Н	О	П	Р	Г	О	Р	И	Ж	Я	Л	П	Г	И	Ъ	С
М	Ц	Р	Д	О	В	В	О	Д	А	И	Е	Я	Н	Х	Ч
Ъ	У	Е	Ш	И	А	Х	Ы	Я	О	Ч	П	Ч	А	П	В
Ц	О	Т	Щ	К	Н	О	З	Е	С	Е	К	Л	М	Л	Х
Т	Г	М	Ц	Ч	И	М	Е	Ш	Ь	Н	Х	О	Б	А	Д
Т	А	Ъ	Г	Г	Е	Ы	Г	П	О	И	Ж	К	С	В	Н
П	Р	И	М	А	Н	К	А	Ъ	О	Е	Ф	Е	Ж	Н	Ъ
П	Р	О	В	О	Д	Л	Р	Б	Щ	В	Ь	А	Н	И	Н
Щ	К	А	П	Ф	М	М	Я	И	К	Ы	А	Н	П	К	Р
Е	С	А	Ф	У	В	Я	Ъ	Ф	Н	М	Ш	Р	Я	И	П

ВОДА
ОБОРУДОВАНИЕ
ЛОДКА
ЖАБРЫ
КОРЗИНА
ПОВАР
ПРЕУВЕЛИЧЕНИЕ
ПРИМАНКА
ПРОВОД
РЕКА
КРЮК
ОЗЕРО
ЧЕЛЮСТЬ
ОКЕАН
ТЕРПЕНИЕ
ВЕС
ПЛАВНИКИ
ПЛЯЖ
СЕЗОН

5 - Ingegneria

Ь	Т	С	О	К	Д	И	Ж	П	Ф	С	С	С	Ч	О	Ь
Л	Ч	С	Ф	Ш	И	Г	А	Ч	Ы	Р	Т	Т	Я	Р	Э
Е	Г	М	Ч	П	А	Н	И	Ш	А	М	А	Р	К	Ъ	Н
З	Х	Н	И	Ш	Г	Щ	П	И	У	У	Б	О	Г	Б	Е
И	А	Ъ	Н	Е	Р	Д	Ч	Ц	Т	Г	И	И	П	Х	Р
Д	Р	А	О	С	А	К	Щ	М	Т	О	Л	Т	Ю	Ю	Г
Е	Г	А	Б	Т	М	Г	Ь	Ц	Г	И	Ь	Е	Ч	С	И
И	Т	А	Ш	Е	М	О	Л	О	Г	У	Н	Л	Х	Т	Я
Ч	З	А	Е	Р	А	Б	Ю	О	С	И	О	Ь	Ъ	Р	Ц
С	И	М	С	Н	М	О	Т	О	Р	Ь	С	С	Щ	У	Я
Ъ	И	Д	Е	И	Н	Е	Щ	А	Р	В	Т	Т	С	К	А
Ф	Р	Л	Ы	Р	Е	А	Ы	Ц	Ш	Д	Ь	В	Б	Т	Е
Р	Б	Д	А	Х	Е	Д	Ц	Е	Ч	Е	Ы	О	Ъ	У	Б
Р	А	С	Ч	Е	Т	Н	Г	Л	У	Б	И	Н	А	Р	Б
Д	И	А	М	Е	Т	Р	И	Г	Ю	Ь	Л	Н	Г	А	Г
И	Ц	Ы	Е	И	Н	Е	Л	Е	Д	Е	Р	П	С	А	Р

УГОЛ
ОСЬ
РАСЧЕТ
СТРОИТЕЛЬСТВО
ДИАГРАММА
ДИАМЕТР
ДИЗЕЛЬ
РАСПРЕДЕЛЕНИЕ
ЭНЕРГИЯ
СИЛА
ШЕСТЕРНИ
РЫЧАГИ
ЖИДКОСТЬ
МАШИНА
ИЗМЕРЕНИЕ
МОТОР
ГЛУБИНА
ВРАЩЕНИЕ
СТАБИЛЬНОСТЬ
СТРУКТУРА

6 - Archeologia

П	Н	Е	Ц	И	Б	О	Ю	Й	И	Н	В	Е	Р	Д	И
Ь	Р	К	Х	Ы	Ю	Ц	К	Т	Ф	Е	Ц	О	Д	Р	С
К	Л	О	Я	Т	Ц	Е	Н	П	А	И	И	М	Р	Е	С
Ш	И	М	Ф	К	С	Н	Ю	Д	Н	З	В	Е	Е	Л	Л
У	Ъ	О	Ь	Е	С	К	М	Х	А	В	И	А	В	И	Е
Ы	Ъ	Т	Н	Ъ	С	А	Я	Ж	Л	Е	Л	П	Н	К	Д
Я	П	О	М	Б	Ф	С	Ъ	Ф	И	С	И	О	О	В	О
С	А	П	А	О	Ч	Е	О	Е	З	Т	З	К	С	И	В
Т	Х	У	Р	Б	Г	Г	О	Р	П	Н	А	С	Т	Я	А
А	Г	Ш	Х	Ц	Р	И	К	Ч	К	Ы	Ц	И	Ь	Е	Т
Й	Ы	Т	Ы	Б	А	З	Л	О	Ж	Й	И	Т	И	Г	Е
Н	Э	К	С	П	Е	Р	Т	А	М	Ы	Я	С	Ф	Ъ	Л
А	К	К	Ю	У	А	Е	В	Ш	Н	А	Р	О	И	Ю	Ь
П	Ч	Щ	Ъ	О	Р	Э	Р	А	Ж	Я	Н	К	П	Л	С
Б	Р	Щ	Х	М	Е	Р	П	В	В	Ч	У	Д	У	Ф	Ъ
Т	И	Ы	В	Н	Л	Л	Ы	Г	Г	Я	Ж	Ь	А	Ю	Ж

АНАЛИЗ
ДРЕВНОСТЬ
ДРЕВНИЙ
ЦИВИЛИЗАЦИЯ
ЗАБЫТЫЙ
ПОТОМОК
ЭРА
ЭКСПЕРТ
ИСКОПАЕМОЕ
ТАЙНА
ОБЪЕКТЫ
КОСТИ
ПРОФЕССОР
РЕЛИКВИЯ
ИССЛЕДОВАТЕЛЬ
НЕИЗВЕСТНЫЙ
КОМАНДА
ХРАМ
МОГИЛА
ОЦЕНКА

7 - Salute e Benessere #1

Ф	Ф	Р	К	А	Ы	П	Ф	У	Ы	Ы	Т	Ю	Т	Ц	Я
Ц	Ш	Е	Л	Л	Е	Ч	Е	Н	И	Е	У	Р	Е	Я	Щ
В	К	Л	И	Р	Е	А	Ж	О	К	Ю	М	Е	Р	У	Ч
И	Б	А	Н	Б	Т	Р	Й	Ф	Д	С	Л	Ф	А	К	Н
Р	В	К	И	Б	А	В	Ы	С	О	Т	А	Л	П	М	Ь
У	Ы	С	К	А	Щ	О	Н	Ш	Л	Т	М	Е	И	Я	У
С	Д	А	А	К	Р	Г	В	Ъ	О	Щ	Ъ	К	Я	Г	Ш
Ы	Т	Ц	Щ	Т	Г	У	И	У	Г	Х	П	С	Н	Б	Х
П	К	И	Ъ	Е	А	П	Т	Е	К	А	Р	Ц	М	И	Е
Г	Е	Я	М	Р	Р	Г	К	Ъ	Е	Н	И	Ф	Ю	Р	П
О	О	Р	Д	И	Ч	Я	А	Н	Л	И	В	Т	Ч	К	О
В	Б	Р	Е	И	Б	Р	Ц	Е	Ч	Ц	Ы	И	Ч	Ь	З
Е	Я	М	М	Л	Е	Т	Ь	Р	В	И	Ч	Ц	Я	П	А
Б	П	А	А	О	О	Б	Х	В	Ь	Д	К	П	Ш	Ь	У
Ф	В	Е	А	Ю	Н	М	Ъ	Ы	С	Е	А	Ю	Ш	Ы	Ю
А	Г	Т	Ы	Х	Ъ	Ы	У	Ц	А	М	Т	Ф	Н	Д	М

ПРИВЫЧКА
ВЫСОТА
АКТИВНЫЙ
БАКТЕРИИ
КЛИНИКА
ГОЛОД
АПТЕКА
ПЕРЕЛОМ
МЕДИЦИНА
ВРАЧ
МЫШЦЫ
НЕРВЫ
ГОРМОНЫ
КОЖА
ПОЗА
РЕФЛЕКС
РЕЛАКСАЦИЯ
ТЕРАПИЯ
ЛЕЧЕНИЕ
ВИРУС

8 - Aggettivi #1

С	О	В	Е	Р	Ш	Е	Н	Н	Ы	Й	Ы	Р	Д	Е	Щ
Д	Й	И	К	С	Е	Ч	И	Т	А	М	О	Р	А	Ч	С
Й	И	К	Н	О	Т	А	И	М	Б	А	Р	Б	О	Д	И
Ф	К	Ц	А	Я	М	Б	Ч	П	О	О	А	Ц	Г	Х	Е
Ц	С	М	Й	С	А	С	Е	Щ	К	Л	Л	А	Р	Ф	Ю
Б	Е	В	Ы	Ш	Ж	О	С	К	Н	И	О	Ь	Ъ	П	П
Ж	Ч	Н	Н	П	Ь	Л	Т	Т	Ы	Д	Ы	Д	Ш	Н	Я
Ы	И	Ш	Н	Й	Ш	Ю	Н	Х	Ь	Е	Ю	Н	О	О	Ь
Г	Т	В	Е	Ы	Ц	Т	Ы	Х	А	Н	Ь	Д	Т	Й	Й
Л	О	Т	М	Н	Й	Н	Й	И	Я	Т	Ж	Л	Ф	В	Х
У	З	Я	Е	М	Й	Ы	Н	З	О	И	Ц	И	Б	М	А
Б	К	Ж	Р	О	Л	Й	П	Т	Ь	Ч	В	М	Ф	Н	В
О	Э	Е	В	Р	Ю	Ш	Н	Й	Ы	Н	В	И	Т	К	А
К	Ч	Л	О	Г	Ж	Т	Л	И	Й	Ы	Н	Н	И	Л	Д
И	У	Ы	С	О	Г	Ы	Б	В	Н	Й	Ы	Н	Ж	А	В
Й	Ю	Й	Ы	Н	Н	Е	Л	Д	Е	М	Ь	Х	С	Х	Е

АМБИЦИОЗНЫЙ
АРОМАТИЧЕСКИЙ
АБСОЛЮТНЫЙ
АКТИВНЫЙ
ОГРОМНЫЙ
ЭКЗОТИЧЕСКИЙ
ЩЕДРЫЙ
МОЛОДОЙ
БОЛЬШОЙ
ИДЕНТИЧНЫЙ
ВАЖНЫЙ
МЕДЛЕННЫЙ
ДЛИННЫЙ
СОВРЕМЕННЫЙ
ЧЕСТНЫЙ
СОВЕРШЕННЫЙ
ТЯЖЕЛЫЙ
ЦЕННЫЙ
ГЛУБОКИЙ
ТОНКИЙ

9 - Geologia

Э	К	Ж	Ы	П	Г	Ж	У	Ц	О	А	И	Е	Щ	П	Ы
Р	В	Р	Т	Щ	Л	Е	Ь	Ы	Н	Д	Ю	С	О	Л	Д
О	У	В	И	А	А	О	Й	И	Ц	Ь	Л	А	К	А	З
З	Л	Л	М	С	А	М	Т	З	Ф	Я	О	Ю	Б	Т	Е
И	К	Ф	Г	Х	Т	Е	Ю	М	Е	Т	Е	Ч	У	О	М
Я	А	Ч	А	О	О	А	Ь	Ц	Ъ	Р	Б	Ю	Х	Ф	Л
Ч	Н	Т	Л	П	Л	П	Л	Ь	Я	С	Е	М	Л	Л	Е
Л	А	В	А	Е	С	О	О	Л	Ч	Т	К	Ц	Г	П	Т
П	Л	Л	Т	Щ	И	К	С	К	Ы	И	У	Л	К	К	Р
Н	Ф	Г	С	Е	К	С	Л	Л	Л	Т	Л	П	В	А	Я
Ъ	И	В	Ф	Р	Ц	И	П	О	А	К	Й	Ъ	А	М	С
Щ	Я	Ж	М	А	Ж	И	Х	Н	Р	А	О	О	Р	Е	Е
К	О	Н	Т	И	Н	Е	Н	Т	Е	Л	Л	Р	Ц	Н	Н
У	С	С	Г	Ф	И	Ж	К	Ь	Н	А	С	Ы	А	Ь	И
Ы	Д	В	Д	Щ	Т	Б	М	Ш	И	Т	Г	Д	У	Л	Е
Л	Ь	И	Г	Я	К	Щ	Щ	Ш	М	С	Г	Б	Н	И	Л

КИСЛОТА
ПЛАТО
КАЛЬЦИЙ
ПЕЩЕРА
КОНТИНЕНТ
КОРАЛЛ
КРИСТАЛЛЫ
ЭРОЗИЯ
ИСКОПАЕМОЕ
ГЕЙЗЕР
ЛАВА
МИНЕРАЛЫ
КАМЕНЬ
КВАРЦ
СОЛЬ
СТАЛАГМИТЫ
СТАЛАКТИТ
СЛОЙ
ЗЕМЛЕТРЯСЕНИЕ
ВУЛКАН

10 - Campeggio

Ж	Д	Я	О	И	И	Т	Э	Ы	М	Ь	А	Х	А	И	Ь
М	И	Ь	О	З	Е	Р	О	Ь	Т	Д	О	Х	Ц	Ъ	Н
Х	У	В	Н	Ч	Ъ	Ж	Н	Д	Е	Я	Д	Ы	Г	Б	Ж
Л	Б	Е	О	А	Е	Б	А	К	Т	А	Л	А	П	Ъ	Л
И	К	Р	Я	Т	С	И	К	В	Ц	А	Ы	Б	Д	И	Л
А	Р	Е	Я	О	Н	Е	Н	К	О	М	П	А	С	К	У
Х	Г	Д	Ш	Р	Л	Ы	К	Е	Ж	М	Л	Т	Е	Г	Н
П	Х	Ч	Ъ	Р	Ц	Е	Е	О	Ч	Г	Е	О	Л	О	А
М	С	Б	Л	В	Т	Т	Л	П	М	Ю	Ь	Х	П	Р	Д
Ш	Л	Я	П	А	Ь	Ъ	Б	Ц	Г	О	Л	О	Р	А	О
Ь	К	Д	В	Ю	Т	Ф	К	Е	Ь	В	Е	К	Ч	К	Р
О	Г	О	Н	Ь	В	Р	Е	Я	Щ	Щ	С	А	И	А	И
Л	О	Г	Т	Б	В	М	Р	Л	У	Б	Е	М	М	Р	Р
А	Ф	К	К	Х	Н	Р	М	Р	О	Г	В	А	С	Т	П
В	Е	Р	Е	В	К	А	Я	А	И	О	А	Г	Ф	А	К
О	Б	О	Р	У	Д	О	В	А	Н	И	Е	Я	Е	Ш	И

ДЕРЕВЬЯ
ГАМАК
ЖИВОТНЫЕ
ОБОРУДОВАНИЕ
ПРИКЛЮЧЕНИЕ
КОМПАС
ОХОТА
КАНОЭ
ШЛЯПА
ВЕРЕВКА
ВЕСЕЛЬЕ
ЛЕС
ОГОНЬ
НАСЕКОМОЕ
ОЗЕРО
ЛУНА
КАРТА
ГОРА
ПРИРОДА
ПАЛАТКА

11 - Arti Visive

Ь	Ъ	П	С	С	К	А	Л	Л	Т	Ф	Р	Ъ	М	Ц	Ъ
Щ	О	О	О	А	Е	А	В	Ф	Л	У	У	Я	В	Я	А
Б	Р	Р	С	Ч	Х	Ъ	Р	А	Ь	Е	Ч	В	Ы	Р	Р
Г	Ы	Т	Т	Ч	Ф	С	Г	А	Р	Б	К	Х	Ъ	Я	Х
Р	Ы	Р	А	М	М	П	Ь	Щ	Н	У	А	Л	А	Ц	И
Д	Ъ	Е	В	Ь	Ь	Ц	И	И	П	Д	Г	Т	М	Ж	Т
К	А	Т	Ч	П	Л	Г	Л	И	Н	А	А	О	И	Х	Е
К	Р	Е	А	Т	И	В	Н	О	С	Т	Ь	Ш	Л	Ю	К
М	У	Ь	Ф	Ц	Ф	Ш	Н	Г	Ч	Е	Т	Р	Е	Ь	Т
О	Т	К	Е	Р	А	М	И	К	А	Р	Ъ	О	М	И	У
Л	П	Ы	С	Н	Ю	Л	Е	Р	Г	А	П	С	П	Ч	Р
Ь	Ь	Я	П	С	Щ	Б	Ь	Л	Ь	Ф	Ц	Г	Д	Т	А
Б	Л	Ц	Ж	В	М	Ц	Я	Я	Д	А	И	Ь	Ъ	Р	Е
Е	У	Ы	И	У	О	К	Ю	К	А	Р	В	Е	Д	Е	Ш
Р	К	Ч	Г	Ш	Ы	С	Ф	Ь	Щ	Т	Г	К	Ф	Е	Ф
Т	С	Т	С	Т	К	К	К	Х	У	Д	О	Ж	Н	И	К

АРХИТЕКТУРА
ГЛИНА
ХУДОЖНИК
ШЕДЕВР
УГОЛЬ
МОЛЬБЕРТ
ВОСК
КЕРАМИКА
СОСТАВ
КРЕАТИВНОСТЬ
ФИЛЬМ
МЕЛ
КАРАНДАШ
РУЧКА
ПОРТРЕТ
СКУЛЬПТУРА
ТРАФАРЕТ
ЛАК

12 - Tempo

П	Д	Ч	С	Ы	Л	П	Г	Г	В	Я	Т	Р	Ю	Д	Ю
Й	Е	Г	Л	К	Ж	Ы	О	С	Е	М	Т	О	Е	С	Ж
Ы	С	А	Ч	Д	О	Ш	Б	С	К	Г	М	Ь	Ц	И	О
Н	Я	Е	Ы	Ъ	Н	Р	Щ	А	Л	Ь	Ц	Л	И	Ф	Ч
Д	Т	Ъ	О	Р	В	Л	О	Ь	Н	Е	Д	Д	Б	Ф	И
О	И	К	А	Л	Е	Н	Д	А	Р	Ь	В	Н	Ь	Г	А
Г	Л	Я	Е	Ы	Г	Ж	Ъ	Ш	Ю	Ч	Ъ	Ч	Н	О	Г
Е	Е	Е	Щ	У	Д	У	Б	Х	Ч	О	Ф	Ь	Е	Д	Ц
Ж	Т	Н	Е	Д	Е	Л	Я	Б	Ж	Н	Л	Ц	Д	Р	Т
Е	И	Ы	Г	Ю	Д	Г	Т	Х	Ь	Ь	Ю	Ы	Л	Ж	А
Ф	Е	Я	Ч	Л	М	Е	М	Ц	И	Р	Ч	И	О	Н	М
С	Е	Г	О	Д	Н	Я	Ч	А	С	В	А	Ы	П	М	Ф
В	Ч	Я	Р	Ч	Б	Л	Ц	М	Е	С	Я	Ц	Ъ	Ш	Ь
А	У	Е	Т	Ч	Ъ	Е	Х	С	П	С	Х	Х	Ъ	В	Я
Ц	А	Ж	У	Я	И	С	Ы	Ж	Я	Ю	Ю	У	Ь	Н	Д
М	И	Н	У	Т	А	Х	Е	В	М	Ю	Х	Ф	Р	О	К

ГОД
ЕЖЕГОДНЫЙ
КАЛЕНДАРЬ
ДЕСЯТИЛЕТИЕ
ПОСЛЕ
БУДУЩЕЕ
ДЕНЬ
ВЧЕРА
УТРО
МЕСЯЦ
ПОЛДЕНЬ
МИНУТА
НОЧЬ
СЕГОДНЯ
ЧАС
ЧАСЫ
СКОРО
ДО
ВЕК
НЕДЕЛЯ

13 - Astronomia

Р	Т	У	М	А	Н	Н	О	С	Т	Ь	С	Я	Ы	Ф	Г
А	Г	Р	А	В	И	Т	А	Ц	И	Я	С	И	П	Д	Б
В	Т	Е	Л	Е	С	К	О	П	О	Е	У	Р	П	Ж	Ц
Н	Д	У	Х	Ф	Б	А	Ц	У	Ь	Д	Р	О	В	Ж	Я
О	А	С	Т	Е	Р	О	И	Д	В	Р	Ю	Т	Б	О	М
Д	О	Ч	С	Г	А	Л	А	К	Т	И	К	А	С	Е	О
Е	У	Д	Т	О	Т	Т	Х	К	У	Д	А	В	В	И	Н
Н	А	Ч	Р	О	Е	Т	Е	М	В	Х	С	Р	Е	З	О
С	Л	У	Н	А	Н	К	В	К	А	Ь	Т	Е	Р	Л	Р
Т	С	М	К	Т	А	О	Р	И	А	Ж	Р	С	Х	У	Т
В	О	Ю	Б	Ц	Л	Ю	Ъ	Ш	Л	Р	О	Б	Н	Ч	С
И	М	Г	Л	Ю	П	О	С	У	Б	З	Н	О	О	Е	А
Е	С	О	З	В	Е	З	Д	И	Е	Е	А	Ц	В	Н	Ч
Л	О	Ф	У	Ш	Л	Ф	Ч	А	И	М	В	Л	А	И	К
Ц	К	Щ	Т	Б	У	К	Ь	Ь	Б	Л	Т	Ь	Я	Е	П
В	С	Е	Л	Е	Н	Н	А	Я	У	Я	С	М	И	Р	Ф

АСТЕРОИД
АСТРОНАВТ
АСТРОНОМ
НЕБО
КОСМОС
СОЗВЕЗДИЕ
РАВНОДЕНСТВИЕ
ГАЛАКТИКА
ГРАВИТАЦИЯ
ЛУНА
МЕТЕОР
ТУМАННОСТЬ
ОБСЕРВАТОРИЯ
ПЛАНЕТА
ИЗЛУЧЕНИЕ
РАКЕТА
СВЕРХНОВАЯ
ТЕЛЕСКОП
ЗЕМЛЯ
ВСЕЛЕННАЯ

14 - Algebra

Ф	А	Ы	Д	Д	К	Л	Ъ	Е	Ф	Ф	Ь	В	Ь	С	Ш
Ь	А	Т	Б	Е	И	Н	Е	Ш	Е	Р	Ы	Г	Э	Т	У
Г	О	К	М	Ь	Т	А	Щ	О	Р	П	У	Р	К	Ы	Р
И	Г	Н	Т	Ы	К	М	Г	Ч	Х	Я	Б	А	С	Б	А
Р	И	Ь	У	О	Б	Е	С	Р	Ю	К	Ц	Ф	П	М	В
В	Й	Ч	У	Л	Р	Л	Я	Л	А	Ч	Е	И	О	А	Н
А	Ы	М	Н	С	В	Б	К	Л	К	М	П	К	Н	Т	Е
Т	Н	Ч	Ъ	И	Ы	О	Ф	Щ	Б	М	М	У	Е	Р	Н
Ъ	Й	Я	И	Ч	Т	Р	Д	Р	О	У	О	А	Н	И	И
Ъ	Е	М	Ъ	Т	С	П	Ь	Л	К	В	А	Ч	Т	Ц	Е
К	Н	К	К	Ц	А	Ж	Р	Р	С	Н	У	Л	Ь	А	П
К	И	А	Л	К	Н	Н	Л	Ж	К	Р	Ы	Ы	Х	Б	Я
А	Л	У	М	Р	О	Ф	И	Ы	Л	Ж	А	Д	Н	М	Т
Ъ	Ш	Б	Т	С	А	Ы	Х	Е	И	Н	Е	Л	Е	Д	Ю
П	Е	Р	Е	М	Е	Н	Н	А	Я	И	Ц	К	А	Р	Ф
Б	Е	С	К	О	Н	Е	Ч	Н	Ы	Й	Ы	Н	Ж	О	Л

ДИАГРАММА
ДЕЛЕНИЕ
УРАВНЕНИЕ
ЭКСПОНЕНТ
ЛОЖНЫЙ
ФАКТОР
ФОРМУЛА
ФРАКЦИЯ
ГРАФИК
БЕСКОНЕЧНЫЙ
ЛИНЕЙНЫЙ
МАТРИЦА
ЧИСЛО
СКОБКА
ПРОБЛЕМА
УПРОЩАТЬ
РЕШЕНИЕ
ВЫЧИТАНИЕ
ПЕРЕМЕННАЯ
НУЛЬ

15 - Mitologia

К	У	Л	Ь	Т	У	Р	А	С	И	Ю	Ы	Ц	В	У	У
С	М	Е	Р	Т	Н	Ы	Й	Б	У	Ц	В	Г	Г	П	Е
К	А	Т	А	С	Т	Р	О	Ф	А	Щ	Х	Ж	Р	Ф	Ю
Е	Т	Х	Ф	М	Н	Т	П	Щ	Е	Ч	Е	Ь	О	Ы	В
М	Ж	К	Ф	О	Е	Д	Е	В	О	И	Н	С	М	Р	А
Б	Ж	Й	Ы	Н	Б	Е	Ш	Л	О	В	Ф	Ы	Т	Ц	Р
Г	Л	А	Ь	С	Б	Т	П	Х	Ф	Е	С	А	Т	В	Р
Б	Е	Ь	Т	Т	Ж	Е	Л	А	Б	И	Р	И	Н	Т	О
О	И	Р	С	Р	Н	Б	С	Б	Ф	Н	Ц	Д	Ю	К	В
Ж	Н	Е	О	Ь	Ш	Ж	Ж	С	П	Е	Р	А	Щ	Д	А
Е	А	Ы	Н	Й	Ц	Ф	Х	Ц	М	Д	Х	Ж	Ф	Ж	Р
С	Д	Я	В	С	Н	К	Ф	Н	Ф	Е	Ю	Ч	Х	О	Х
Т	З	Ж	Е	Ш	О	Ч	С	Т	С	В	Р	И	Ц	Ъ	Е
В	О	Г	Р	У	Ъ	Я	И	Н	Л	О	М	Т	Ь	Р	Т
А	С	М	Е	С	Т	Ь	Л	Ы	Н	П	М	Ф	И	Е	И
Л	Е	Г	Е	Н	Д	А	А	Я	У	Ь	Я	Н	М	Е	П

АРХЕТИП
ПОВЕДЕНИЕ
СУЩЕСТВО
СОЗДАНИЕ
КУЛЬТУРА
КАТАСТРОФА
БОЖЕСТВА
ГЕРОЙ
СИЛА
МОЛНИЯ
РЕВНОСТЬ
ВОИН
БЕССМЕРТИЕ
ЛАБИРИНТ
ЛЕГЕНДА
ВОЛШЕБНЫЙ
СМЕРТНЫЙ
МОНСТР
ГРОМ
МЕСТЬ

16 - Piante

Ф	Ь	Ь	К	Ц	Л	М	Б	В	Х	О	Ю	П	У	Ч	С
О	Ж	Р	Ь	Е	И	Н	Е	Р	Б	О	Д	У	Л	П	А
Т	Р	А	В	А	С	Б	Д	Е	Р	Е	В	О	Л	Ю	Д
С	Я	Щ	О	С	Т	Х	О	М	П	А	Н	Е	И	Л	Щ
У	Х	Х	Ж	Ж	В	Ц	Ш	Т	Е	Щ	Ъ	Ы	С	Е	Ц
К	Е	Р	Л	Ц	А	К	Н	Я	А	В	Б	О	Т	П	И
Ш	Т	А	Ы	Е	М	С	О	А	У	Н	Л	Р	Ж	Е	Я
Ш	Т	С	Р	Ы	С	Ф	Л	О	Р	А	И	Ф	Ч	С	Г
Ъ	Ш	Т	Н	Ш	Ю	О	Н	Щ	Л	Ж	У	К	У	Т	О
Л	Б	И	У	Н	Ж	К	Б	Ь	И	А	С	У	А	О	Д
К	О	Р	Е	Н	Ь	Н	С	Х	Г	Х	Ч	Б	Ю	К	А
Е	У	М	Ь	В	Щ	Е	Ш	Ж	Ф	П	П	М	Л	О	И
У	Д	Ъ	Ю	Я	А	К	Н	Щ	В	И	Г	А	И	Т	Д
П	Т	Ж	И	Я	Н	Х	Ъ	П	Ъ	Щ	Ж	Б	Л	Е	Я
А	Ж	Ж	Е	М	Ч	К	А	К	Т	У	С	О	Г	В	С
Ж	Ц	Ш	М	Ы	Ж	Ж	В	У	Н	А	Е	Б	К	Ц	В

ДЕРЕВО
ЯГОДА
БАМБУК
БОТАНИКА
КАКТУС
КУСТ
РАСТИ
ПЛЮЩ
ТРАВА
БОБ
УДОБРЕНИЕ
ЦВЕТОК
ФЛОРА
ЛИСТ
ЛИСТВА
ЛЕС
САД
МОХ
ЛЕПЕСТОК
КОРЕНЬ

17 - Spezie

В	П	А	Ь	М	Ш	Ж	Е	Ф	Ф	Д	Ь	Б	Г	Ч	Г
К	Е	К	Г	У	А	Ш	Ц	С	О	Ф	Е	Я	Р	Е	О
Г	Р	У	Ш	Г	Ф	О	Т	Ч	Р	В	Н	Т	Д	С	Р
В	Е	Р	С	С	Р	Т	И	Г	П	Х	А	К	Н	Н	Ь
Б	Ц	К	Ч	Л	А	Щ	Т	Н	Г	Ы	Ц	Н	А	О	К
Щ	В	У	В	А	Н	Я	Ь	О	Ы	В	И	Ч	И	К	И
В	Л	М	А	Д	Х	Ц	Е	М	А	Ч	Р	Р	Р	Л	Й
К	Ю	А	Н	К	Щ	С	Х	А	К	Д	О	Л	О	С	Ь
У	И	Я	И	И	Ъ	Ь	Н	Д	Д	С	К	С	К	Х	Л
С	Ъ	М	С	Й	П	А	П	Р	И	К	А	Ы	Ъ	Я	Е
Ъ	Ъ	Т	Б	А	Ц	И	Ж	А	К	Р	Б	Г	Ж	Т	Х
К	Ч	П	Ю	И	Ч	Х	Ш	К	Ю	Б	Р	М	П	Ы	Н
Т	М	И	Н	С	Р	Х	Г	Б	Х	Ч	Л	А	Ж	Ш	Е
О	Л	Ш	Ы	О	Я	Ь	М	М	Ъ	Г	У	Л	К	Щ	Ф
Л	Б	Ь	Я	Л	Ч	Л	Ю	П	Ю	Ь	К	Ю	Я	Г	Ы
Ц	А	У	Я	Ь	Х	Д	Г	Ж	Х	Р	Щ	Б	О	С	Ц

ЧЕСНОК
ГОРЬКИЙ
АНИС
КОРИЦА
КАРДАМОН
ЛУК
КОРИАНДР
ТМИН
КУРКУМА
КАРРИ
СЛАДКИЙ
ФЕНХЕЛЬ
ВКУС
СОЛОДКА
ПАПРИКА
ПЕРЕЦ
СОЛЬ
ВАНИЛЬ
ШАФРАН
ИМБИРЬ

18 - Numeri

В	Д	П	Я	Ц	Ц	Я	Я	Ч	М	П	С	Ь	К	Ш	Ь
Н	О	Е	К	О	Я	И	Ж	Л	Е	С	Р	В	Ж	Е	Ш
Ж	Т	С	С	Б	Ы	Ь	Ы	Щ	Х	Т	С	Ь	М	С	Е
Ж	Р	В	Е	Я	Д	Е	С	Я	Т	Ь	Ы	Г	Т	Т	С
Ч	И	О	Щ	М	Т	Ь	Т	Е	Ъ	Т	Ж	Р	Е	Н	Т
Ф	Н	Л	Ь	Ч	Н	И	Ы	Ш	Т	Я	Н	П	Е	А	Ь
Ю	А	С	Е	М	Ь	А	Ч	У	С	В	У	Я	Ю	Д	Т
Т	Д	Г	Ч	Х	М	В	Д	Н	Г	Е	А	Т	Ю	Ц	А
Р	Ц	Л	Ж	П	Е	Д	В	Ц	Ы	Д	Х	Н	Ъ	А	Ц
И	А	Р	Р	Н	С	Я	И	Ы	А	Й	Ф	А	Д	Т	Д
Ц	Т	Х	Д	П	О	Н	У	Л	Ь	Т	Е	Д	Ь	Ь	А
Ы	Ь	Е	Л	Ч	В	Щ	Ь	М	Ъ	Х	Ь	Ц	Е	Т	Н
Ч	Е	Т	Ы	Р	Н	А	Д	Ц	А	Т	Ь	А	И	Я	М
Д	В	А	Д	Ц	А	Т	Ь	В	Ц	Е	В	Т	Н	П	Е
Д	Е	В	Я	Т	Н	А	Д	Ц	А	Т	Ь	Ь	И	А	С
Д	В	Е	Н	А	Д	Ц	А	Т	Ь	И	Ю	Е	Л	Ю	Т

ПЯТЬ
ДЕСЯТИЧНЫЙ
ДЕВЯТНАДЦАТЬ
СЕМНАДЦАТЬ
ВОСЕМНАДЦАТЬ
ДЕСЯТЬ
ДВЕНАДЦАТЬ
ДВА
ДЕВЯТЬ
ВОСЕМЬ
ЧЕТЫРНАДЦАТЬ
ЧЕТЫРЕ
ПЯТНАДЦАТЬ
ШЕСТНАДЦАТЬ
ШЕСТЬ
СЕМЬ
ТРИ
ТРИНАДЦАТЬ
ДВАДЦАТЬ
НУЛЬ

19 - Cioccolato

У	Л	Ж	В	К	А	К	А	О	Н	Г	Ж	Б	А	С	А
Ч	Ш	Р	Й	К	В	О	С	Ю	Ъ	О	Ц	К	Р	К	Р
Т	У	У	И	Ц	У	Х	Ж	М	Ы	Р	Т	Н	А	К	О
Ь	Ц	Ч	К	У	Е	С	Л	В	О	Ь	Н	Н	Х	А	М
Л	Д	Л	С	Ч	В	Ы	Н	Ц	Ж	К	А	В	И	Ч	А
Е	Ю	Х	Е	Ь	А	Щ	Ж	Ы	Я	И	Д	Т	С	Е	Т
М	П	Б	Ч	О	Т	Ш	Е	Р	Й	Й	И	Н	Ю	С	Р
А	О	Р	И	И	Р	О	Л	А	К	И	С	Е	Ь	Т	В
Р	Р	Е	Т	М	М	Ъ	Ф	Х	Ь	И	К	И	У	В	К
А	О	Ц	О	Ъ	Ы	Щ	А	А	Р	Ы	О	Д	Д	О	У
К	Ш	Е	З	Ш	Т	Й	Ъ	С	П	И	И	Е	А	Б	С
Р	О	П	К	Л	Е	Ю	Ч	Д	К	Б	Т	Р	Ч	Л	Б
П	К	Т	Э	Г	Ф	Б	Ы	К	О	Т	Н	Г	У	Ш	С
Д	Б	Ь	Д	А	Н	Ь	Ф	Ж	К	У	А	Н	С	Б	Ю
Ю	Т	Т	Ф	В	О	Я	А	У	О	Ы	К	И	М	К	Ъ
Ц	Д	С	М	К	К	Л	И	Ф	С	К	В	М	Н	И	Л

ГОРЬКИЙ
АНТИОКСИДАНТ
АРАХИС
АРОМАТ
КАКАО
КАЛОРИИ
КОНФЕТЫ
КАРАМЕЛЬ
ВКУСНЫЙ
СЛАДКИЙ
ЭКЗОТИЧЕСКИЙ
ВКУС
ИНГРЕДИЕНТ
КОКОС
ПОРОШОК
ЛЮБИМЫЙ
КАЧЕСТВО
РЕЦЕПТ
САХАР

20 - Immigrazione

Р	У	П	Ф	Ч	Г	В	З	Е	В	Ь	Д	У	К	Х	О
Е	Т	Г	Р	В	Ь	Ы	А	Г	З	Ч	Ъ	О	Ь	Ы	Г
Ш	В	С	О	О	Д	Т	К	Ш	Р	А	Т	И	Щ	А	З
Е	Е	Г	И	Б	Ц	Н	О	Ф	О	Д	Щ	У	О	С	П
Н	Р	А	Щ	М	Т	Е	Н	Ш	С	М	Т	Ь	М	И	Е
И	Ж	Р	Ж	Ч	Б	М	С	Ю	Л	И	Ц	В	О	Т	Р
Е	Д	С	И	Ч	Т	У	В	С	Ы	Н	Я	Б	П	У	Е
Ь	Е	Е	Т	Ю	О	К	С	Д	Е	И	Ы	Ч	У	А	Г
Л	Н	Н	Б	Р	Ц	О	Ь	Ж	Ц	С	Д	О	С	Ц	О
И	И	Я	Ц	Г	Е	Д	М	В	И	Т	Г	Е	Ш	И	В
Ж	Е	Ж	М	В	К	С	С	Ц	С	Р	Щ	Х	Т	Я	О
К	В	Ц	Ш	Е	Я	Я	С	О	И	А	К	Л	К	И	Р
Г	О	Ф	И	Ц	Е	Р	Т	Ъ	П	Ц	Л	Ж	Ц	Ь	Ы
У	Щ	Б	Г	Ц	Г	Б	Щ	Ц	Г	И	В	М	Ы	П	Г
Г	Р	А	Н	И	Ц	Ы	Ч	Ш	Ы	Я	Е	Г	П	Т	О
К	Р	А	Й	Н	И	Й	С	Р	О	К	Ы	З	Я	Т	С

ВЗРОСЛЫЕ
ПОМОЩЬ
ЖИЛЬЕ
АДМИНИСТРАЦИЯ
УТВЕРЖДЕНИЕ
ДЕТИ
ДОКУМЕНТЫ
ГРАНИЦЫ
ЗАКОН
ЯЗЫК
ПРОЦЕСС
ЗАЩИТА
КРАЙНИЙ СРОК
СИТУАЦИЯ
РЕШЕНИЕ
СТРЕСС
ПЕРЕГОВОРЫ
ОФИЦЕР

21 - Guida

Д	Л	С	К	О	Р	О	С	Т	Ь	П	Ш	Ч	О	Р	Я
А	В	И	К	Ц	Х	Х	Ф	О	Я	К	Т	Н	Г	Ы	И
В	Б	И	Ц	Б	Ы	М	Ц	Г	Ф	Ч	Ч	Т	Ч	Х	Р
Т	Е	Р	Ж	Е	В	Д	О	П	С	У	Б	О	Т	В	А
О	З	У	Л	Е	Н	Г	А	З	О	Р	С	П	О	О	В
М	О	К	Ч	Д	Н	З	Ф	М	Е	Х	Ц	Л	Р	Ч	А
О	П	О	Ы	Ъ	Ы	И	И	А	И	С	О	И	М	Щ	Ф
Б	А	Д	М	В	Ц	Е	Е	Я	Т	Х	Ы	В	О	П	Т
И	С	М	О	Т	О	Ц	И	К	Л	Ч	Г	О	З	О	Р
Л	Н	К	П	Т	У	Н	Н	Е	Л	Ь	А	Л	А	Л	А
Ь	О	Ф	Е	К	А	Р	Т	А	Ш	Л	Р	К	Г	И	Н
С	С	Ш	Ш	М	М	У	Т	Ж	Я	К	А	Д	О	Ц	С
А	Т	Ю	Е	Ш	О	П	У	Щ	Г	Ю	Ж	К	Р	И	П
В	Ь	С	Х	Ю	Ь	Т	С	О	Н	С	А	П	О	Я	О
В	К	Ъ	О	Ш	Ы	И	О	Ю	Н	Ш	П	Ч	Д	Ж	Р
С	Н	У	Д	Щ	Р	Ж	Е	Р	Ю	Д	В	Е	Т	П	Т

АВТОМОБИЛЬ
АВТОБУС
ТОПЛИВО
ТОРМОЗА
ГАРАЖ
ГАЗ
АВАРИЯ
ЛИЦЕНЗИЯ
КАРТА
МОТОЦИКЛ
МОТОР
ПЕШЕХОД
ОПАСНОСТЬ
ПОЛИЦИЯ
БЕЗОПАСНОСТЬ
ДОРОГА
ДВИЖЕНИЕ
ТРАНСПОРТ
ТУННЕЛЬ
СКОРОСТЬ

22 - Forza e Gravità

Ц	М	Ц	М	С	Д	Д	У	Ц	Д	Ц	Т	М	И	Н	Р
Е	Ю	А	А	К	Е	И	Н	Е	Ж	И	В	Д	Ъ	К	А
Н	Т	С	Г	О	И	Н	И	О	А	Т	А	И	У	Г	С
Т	Я	Д	Н	Р	Н	А	В	Е	Ж	Ж	К	О	Т	Ъ	Ш
Р	Ю	Ъ	Е	О	Е	М	Е	И	Н	Я	И	Л	В	О	И
Б	Я	Ж	Т	С	Р	И	Р	Г	М	А	Н	Е	Ш	С	Р
Р	О	В	И	Т	Т	Ч	С	Е	В	Н	А	Ы	Я	Ь	Е
С	А	Б	З	Ь	К	Е	А	О	Ы	Х	Х	Г	Б	С	Н
Д	В	С	М	Ш	Ь	С	Л	О	Т	А	Е	П	Ч	Г	И
А	Д	О	С	Р	Ь	К	Ь	У	Е	К	М	Ч	Н	И	Е
В	С	Ю	Й	Т	Ф	И	Н	Ч	Н	И	Р	А	В	Щ	У
Л	Г	И	Ь	С	О	Й	Ы	Е	А	З	О	Ы	А	Ю	П
Е	Г	Д	Ж	А	Т	Я	Й	Ш	Л	И	Ь	Ж	Т	П	Ш
Н	Ю	Д	М	Щ	Ф	В	Н	Щ	П	Ф	П	И	Х	И	С
И	Л	Ж	Г	С	Ж	В	А	И	О	Р	Б	И	Т	А	Е
Е	Р	О	У	Е	М	Б	Я	М	Е	Р	В	Щ	Я	Л	Ш

ОСЬ
ТРЕНИЕ
ЦЕНТР
ДИНАМИЧЕСКИЙ
РАССТОЯНИЕ
РАСШИРЕНИЕ
ФИЗИКА
ВЛИЯНИЕ
МАГНЕТИЗМ
МЕХАНИКА
ДВИЖЕНИЕ
ОРБИТА
ВЕС
ПЛАНЕТЫ
ДАВЛЕНИЕ
СВОЙСТВА
ОТКРЫТИЕ
ВРЕМЯ
УНИВЕРСАЛЬНЫЙ
СКОРОСТЬ

23 - Sport

Д	Б	В	И	Д	Е	П	И	С	О	Л	Е	В	К	Ь	В
В	А	Х	Ф	Г	Ь	Ы	Л	С	У	Д	Ь	Я	О	Б	Т
И	С	Т	И	Ж	Р	Т	Й	А	Ъ	П	Р	Щ	М	Ы	Ч
Ж	К	Ъ	С	С	В	О	Е	Р	В	Л	К	Б	А	Г	Т
Е	Е	А	Ф	Р	Х	Р	К	Г	Р	А	В	И	Н	И	И
Н	Т	Х	К	Ф	Д	Ф	К	И	Г	Т	Т	Х	Д	А	Н
И	Б	О	Ь	Ф	Ь	Л	О	Г	Ы	Н	Ш	Ь	А	В	Ю
Е	О	П	Р	Р	Г	Ь	Х	Г	И	М	Н	А	З	И	Я
У	Л	А	Т	О	Ы	В	О	Ы	Б	Е	Й	С	Б	О	Л
Г	И	М	Н	А	С	Т	И	К	А	С	Щ	Т	А	Ж	Ц
Л	О	Г	О	С	П	О	Р	Т	С	М	Е	Н	Н	Д	Р
Л	О	Ф	И	С	Ь	Л	Е	Т	И	Д	Е	Б	О	П	О
С	Е	Ч	Д	Б	О	Ч	Н	Ч	Т	Е	Н	Н	И	С	Ъ
Ц	Ы	К	А	Ч	Ц	Ф	Е	Г	Р	Ю	Ю	С	Я	Т	П
Л	Р	Б	Т	Щ	К	А	Р	Ю	Е	Г	В	Ж	Ъ	К	Ы
П	Ъ	Д	С	Я	Н	Р	Т	А	Н	О	И	П	М	Е	Ч

ТРЕНЕР
СУДЬЯ
СПОРТСМЕН
БЕЙСБОЛ
БАСКЕТБОЛ
ВЕЛОСИПЕД
ЧЕМПИОНАТ
ГИМНАСТИКА
ИГРОК
ИГРА
ГОЛЬФ
ХОККЕЙ
ДВИЖЕНИЕ
ПЛАВАТЬ
ГИМНАЗИЯ
КОМАНДА
СТАДИОН
ТЕННИС
ПОБЕДИТЕЛЬ

24 - Caffè

Ы	Ь	В	Ж	Щ	Е	Р	Г	Ч	Г	М	Б	И	Г	У	Я
Х	О	Ы	Ч	А	Я	К	С	Л	О	Х	О	Р	Т	У	Е
Ж	Ю	Ю	Ы	И	Ш	Й	Ы	Н	Р	Е	Ч	Л	И	О	Ф
С	Б	Л	Ч	К	Б	С	Ы	Ы	Ь	Т	О	Л	О	М	Ю
К	Е	А	Д	О	В	Ю	Г	А	К	Ш	А	Ч	К	К	Ф
Е	И	Н	Е	Д	Ж	О	Х	С	И	О	Р	П	Х	Х	О
Н	З	Е	Г	Е	У	Б	С	Е	Й	Ы	Н	Е	Р	А	Ж
А	А	Ц	К	О	Ф	Е	И	Н	В	Ю	Х	Т	Ж	Ф	Т
П	Р	Р	Б	Ч	Г	Щ	Д	Ь	К	Ч	Ж	Т	И	И	Т
И	Б	А	О	Ш	Р	Ф	Х	У	У	Ш	Н	Г	Д	Л	Т
Т	О	Х	К	М	Ы	Е	Ф	В	С	Н	М	А	К	Ь	Н
О	О	А	Д	Ц	А	Н	П	Т	Н	Р	В	У	О	Т	Л
К	Н	С	Ъ	С	Ш	Т	Ы	И	К	Р	Е	М	С	Р	А
У	З	Б	Е	Ю	Ь	Щ	Ч	Ц	Т	Ф	Г	Б	Т	Х	А
Ц	А	Е	Х	У	Б	В	Б	Ж	Р	Ь	Ч	Ы	Ь	К	К
Т	Р	Д	Р	Н	Л	И	У	Я	С	Ь	Ы	С	Ь	Ц	К

ВОДА
ГОРЬКИЙ
АРОМАТ
ЖАРЕНЫЙ
ПИТЬ
НАПИТОК
КОФЕИН
КРЕМ
ФИЛЬТР
ВКУС
МОЛОКО
ЖИДКОСТЬ
МОЛОТЬ
УТРО
ЧЕРНЫЙ
ПРОИСХОЖДЕНИЕ
ЦЕНА
ЧАШКА
РАЗНООБРАЗИЕ
САХАР

25 - Uccelli

М	Ъ	Н	О	Р	Ю	Й	А	Л	Е	Я	У	С	О	Т	Н
К	У	К	У	Ш	К	А	В	Е	Е	Ы	С	Ш	Х	Б	Р
О	Р	Е	Л	Я	К	Г	П	Б	О	П	Щ	Т	Т	Я	Д
Т	Д	Т	У	Ф	А	У	О	Е	Л	О	У	С	Р	Й	Б
Ф	Ю	Ы	У	Р	Ш	П	О	Д	Д	В	В	И	Т	Е	Щ
Ч	Ц	Х	И	К	Ц	О	Г	Ь	Д	Щ	Е	А	Ы	Б	Б
Ъ	А	Ч	Ы	Х	А	П	Н	А	К	И	Л	Е	П	О	П
Е	П	У	Т	К	А	Н	И	В	Г	Н	И	П	Ы	Р	О
Р	Л	О	У	И	Ю	К	М	Ъ	Т	И	Ж	Б	А	О	Х
Ш	Я	Н	Я	С	Т	Р	А	У	С	Л	У	С	Д	В	Т
Л	К	Ы	Й	Л	Ж	Р	Л	Н	Ц	В	С	Ф	Е	Е	К
А	Р	Щ	Ц	И	А	П	Ф	Ю	Ш	А	К	Й	А	Ч	У
Г	Е	Р	О	Ж	С	У	П	Г	О	П	Ч	У	Л	К	Р
Х	У	О	Ю	О	В	М	И	Н	Ь	К	Д	Л	Я	У	И
Л	Щ	С	Ф	О	У	К	М	К	Я	Ы	Р	К	П	И	Ц
Я	Щ	В	Ь	Б	У	Л	О	Г	Р	Ш	У	С	Н	Б	А

ЦАПЛЯ
УТКА
ОРЕЛ
АИСТ
ЛЕБЕДЬ
КУКУШКА
ЯСТРЕБ
ФЛАМИНГО
ЧАЙКА
ГУСЬ
ПОПУГАЙ
ВОРОБЕЙ
ПАВЛИН
ПЕЛИКАН
ГОЛУБЬ
ПИНГВИН
КУРИЦА
СТРАУС
ТУКАН
ЯЙЦО

26 - Giorni e Mesi

С	К	А	Р	Ч	В	Х	И	Ы	Ф	Ъ	Т	Г	М	Ь	Ь
У	Н	П	И	П	О	Х	И	Б	К	П	М	Щ	Е	Ю	Ъ
Б	Р	Р	П	С	С	Ь	Ю	Ю	Ь	О	Е	А	С	Д	Т
Б	Ь	Е	М	Д	К	Р	Ф	Х	Н	Н	О	Ч	Я	Е	Ш
О	И	Л	Я	Ь	Р	Б	Я	Т	Н	Е	С	Ь	Ц	К	П
Т	Ю	Ь	П	Ф	Е	Я	Ь	Р	А	Д	Н	Е	Л	А	К
А	Н	У	Ч	Я	С	О	Ш	Щ	Н	Е	О	О	Ъ	Б	Ф
Б	Ь	П	Ц	К	Е	Н	П	А	Е	Л	Т	К	Ш	Р	Ю
Ж	Е	Г	О	Д	Н	Щ	Я	Ц	Д	Ь	Ъ	Т	Ч	Ь	И
Р	Ъ	Н	П	Г	Ь	Л	Ю	И	Е	Н	Б	Я	Ф	Л	У
Ц	Т	Р	Р	Д	Е	Ф	Г	Н	Л	И	Я	Б	О	А	Т
Я	Н	В	А	Р	Ь	М	Ш	Т	Я	К	Ы	Р	С	Р	Г
А	В	Г	У	С	Т	Ж	Т	Я	Л	Х	С	Ь	Т	В	Г
К	Ф	Ч	Г	Р	У	У	Ч	П	Р	Ь	Х	В	Ъ	Е	Н
С	Р	Е	Д	А	Ч	Ы	В	Т	О	Р	Н	И	К	Ф	В
Е	К	Ъ	Ш	Щ	Б	Ь	Ж	О	Р	И	О	С	Ф	Ц	Ы

АВГУСТ
ГОД
АПРЕЛЬ
КАЛЕНДАРЬ
ДЕКАБРЬ
ВОСКРЕСЕНЬЕ
ФЕВРАЛЬ
ЯНВАРЬ
ИЮНЬ
ИЮЛЬ
ПОНЕДЕЛЬНИК
ВТОРНИК
СРЕДА
МЕСЯЦ
НОЯБРЬ
ОКТЯБРЬ
СУББОТА
СЕНТЯБРЬ
НЕДЕЛЯ
ПЯТНИЦА

27 - Casa

М	К	О	У	М	М	Т	Р	Ж	Х	К	К	А	М	И	Н
Ж	Е	Л	Ц	Ч	Ж	Я	Ъ	П	Ф	Р	И	К	О	У	Г
Ч	П	Т	А	П	М	Ь	Г	К	Ф	А	Р	Е	К	Ы	Ч
Ц	С	Е	Л	К	Ш	Ф	Ц	Н	Ц	Н	В	Т	Н	О	С
С	Я	Ф	Ю	А	С	К	К	Я	Н	Ч	О	О	О	О	Т
Ь	Р	Е	В	Д	Ж	А	Р	А	Г	Х	К	И	Ц	Ф	Е
П	О	Х	Ю	Р	Х	П	Д	М	Ъ	Л	Б	Л	Ь	Щ	Н
Ь	Б	Щ	Ц	Е	О	М	Ф	Я	Н	И	Ь	Б	О	Г	А
Ь	А	Ж	А	Ч	Ц	А	Ц	Я	Е	Т	Н	И	Г	Ы	Ф
К	З	У	Т	Ч	С	Л	Х	Я	Н	Н	П	Б	Б	Я	Т
Б	Ъ	У	А	Е	Н	Л	В	Ф	Ы	С	П	Н	Щ	М	Ь
К	У	Х	Н	Я	С	Щ	Е	И	У	М	М	Ы	Ж	П	Ц
С	Л	Н	М	Щ	Ф	Ф	Я	В	Д	Ю	Ы	К	Д	Ч	Э
Я	Ж	К	О	Л	О	Т	О	П	Х	У	О	Е	М	В	Т
З	Е	Р	К	А	Л	О	К	П	Ю	Ю	Ш	С	М	Ь	А
М	Х	С	П	Щ	В	В	Ф	К	Р	Ы	Ш	А	Р	Ы	Ж

ЧЕРДАК
БИБЛИОТЕКА
КОМНАТА
КАМИН
КУХНЯ
ДУШ
ОКНО
ГАРАЖ
САД
ЛАМПА
СТЕНА
ЭТАЖ
ДВЕРЬ
ЗАБОР
КРАН
МЕТЛА
ПОТОЛОК
ЗЕРКАЛО
КОВРИК
КРЫША

28 - Fantascienza

Т	Ы	Е	Г	И	Л	Л	Ю	З	И	Я	С	Д	П	Ш	О
Х	А	Ю	Д	А	Г	У	Ж	Г	Г	И	Ц	Р	Л	Й	Г
Р	Е	И	С	И	Л	К	Л	Е	Ц	П	Е	Х	А	Ы	О
Х	Е	Ч	Н	Ф	Ю	А	А	Ю	Р	О	Н	Ю	Н	Н	Н
Н	Г	А	Ж	С	Щ	Р	К	В	У	Т	А	К	Е	Ь	Ь
Г	Е	Г	Л	Ь	Т	О	Щ	Т	И	У	Р	С	Т	Л	А
Е	С	Д	Ю	И	Е	В	Г	Б	И	В	И	Р	А	А	Т
Д	О	Е	Г	О	С	Б	Е	А	Х	К	Й	О	В	М	О
К	Н	И	Г	И	Л	Т	А	Н	Ж	О	А	Б	З	Е	М
Д	И	Х	Ъ	Ъ	А	Х	И	Х	Н	Ш	Ф	О	Р	Р	Н
М	К	М	И	Р	В	Ф	Ы	Ч	М	Ы	Г	Т	Ы	Т	Ы
Ф	Р	Ч	Ц	Ч	Е	О	Р	Г	Н	Х	Й	Ы	В	С	Й
А	Н	Т	И	У	Т	О	П	И	Я	Ы	Н	О	Л	К	Г
П	Т	Ф	В	Ю	Щ	П	Ш	И	А	Е	Й	С	А	Э	Л
В	О	О	Б	Р	А	Ж	А	Е	М	Ы	Й	О	У	Ж	С
Т	Е	Х	Н	О	Л	О	Г	И	Я	К	Н	Ф	Ю	Л	Б

АТОМНЫЙ
КИНО
КЛОНЫ
АНТИУТОПИЯ
ВЗРЫВ
ЭКСТРЕМАЛЬНЫЙ
ОГОНЬ
ГАЛАКТИКА
ИЛЛЮЗИЯ
ВООБРАЖАЕМЫЙ
КНИГИ
ТАИНСТВЕННЫЙ
МИР
ОРАКУЛ
ПЛАНЕТА
РЕАЛИСТИЧНЫЙ
РОБОТЫ
СЦЕНАРИЙ
ТЕХНОЛОГИЯ
УТОПИЯ

29 - Città

С	З	Х	Л	К	О	Н	Ы	Р	О	Г	Б	Ч	Ю	Ъ	У
Г	О	Ш	И	Л	Н	О	Ф	Т	Т	В	Ш	А	Ж	Т	Н
А	О	Л	Х	И	И	И	Х	А	Е	Ц	Ы	Щ	Н	Е	И
Л	П	И	Ы	Н	К	Д	Х	Е	Л	У	Е	Л	И	К	В
Е	А	О	Ч	И	Й	А	Н	Т	Ь	В	П	Ы	З	Р	Е
Р	Р	У	А	К	Е	Т	О	И	Л	Б	И	Б	А	А	Р
Е	К	Ю	Л	А	З	С	П	Ч	Х	Б	М	Г	Г	М	С
Я	К	Б	О	Ш	У	С	М	Р	М	Я	Ю	Е	А	Р	И
А	Л	К	К	Ц	М	И	С	П	Е	А	А	Д	М	Е	Т
Т	Э	К	Ш	Б	Е	Х	Е	Е	Н	С	Ю	Х	П	П	Е
О	Д	Р	Т	Ь	Т	Б	Х	Ю	А	П	Т	В	Е	У	Т
К	Ж	Я	О	П	Е	К	А	Р	Н	Я	К	О	Ф	С	Л
Г	Р	Ч	М	П	У	А	Е	Ф	С	Ч	Б	Н	Р	Т	Г
С	Р	Ж	Т	Ь	О	М	К	В	Б	Ы	Д	Б	Г	А	О
С	Н	Ш	Ш	Н	Е	Р	Г	О	Р	Ч	С	Ы	Л	О	Н
А	П	Т	Е	К	А	М	Т	С	И	Р	О	Л	Ф	Ч	О

АЭРОПОРТ
БАНК
БИБЛИОТЕКА
КИНО
КЛИНИКА
АПТЕКА
ФЛОРИСТ
ГАЛЕРЕЯ
ОТЕЛЬ
РЫНОК
МУЗЕЙ
МАГАЗИН
ПЕКАРНЯ
РЕСТОРАН
ШКОЛА
СТАДИОН
СУПЕРМАРКЕТ
ТЕАТР
УНИВЕРСИТЕТ
ЗООПАРК

30 - Fattoria #1

У	Ъ	Д	Г	Т	О	К	Д	Д	Я	Ъ	Ы	Щ	О	Ъ	Я
Я	Г	Х	М	Е	С	О	Я	Ъ	Л	Х	С	Д	У	А	Ю
Г	К	Х	Я	Л	Е	Ш	У	П	Б	А	Ы	Д	Ы	Б	К
М	Я	С	Ш	Е	Л	К	М	Ц	Л	Х	К	К	Ш	Ы	У
Т	Л	Р	Ц	Ц	С	А	К	А	Б	О	С	Б	О	И	Р
С	М	О	К	О	З	А	Ъ	О	Ъ	Я	Ц	Х	Н	А	И
И	Е	Н	Ш	Ф	К	Ц	Г	И	Ь	У	У	В	И	П	Ц
Р	З	Н	Ш	А	Ф	Ъ	Л	Ы	У	Ш	Б	Р	Л	Т	А
О	Ъ	О	О	Л	Д	Ь	Е	Я	К	В	О	У	Щ	Л	Е
Б	С	Щ	Ю	Е	Д	Ь	Х	С	Ь	О	Л	Щ	Х	Ж	Б
А	Е	Н	Ф	Ч	Ш	Т	С	Т	Ж	Н	А	Ф	Е	Ц	Ъ
З	М	Е	У	П	М	С	С	А	П	Ф	И	Я	Г	Щ	А
О	Е	К	О	Р	О	В	А	Д	В	Ю	Е	В	Л	Ж	А
Р	Н	В	У	М	Г	Х	П	О	Г	Ю	Д	О	С	Ф	Х
Ч	А	Ч	Ц	Я	Ю	Ь	Б	Г	М	Е	Д	Д	Щ	Х	Я
У	Д	О	Б	Р	Е	Н	И	Е	Л	О	П	А	Ш	К	Ш

ВОДА
ПЧЕЛА
ОСЕЛ
ПОЛЕ
СОБАКА
КОЗА
ЛОШАДЬ
УДОБРЕНИЕ
СЕНО
КОШКА
СТАДО
СВИНЬЯ
МЕД
КОРОВА
КУРИЦА
ЗАБОР
РИС
СЕМЕНА
ЗЕМЛЯ
ТЕЛЕЦ

31 - Psicologia

П	А	Ы	Т	Н	П	П	М	П	Ь	А	М	В	Щ	И	О
К	Р	Ж	Ж	В	О	Ж	Ы	О	Л	Т	Ц	И	Ь	Н	П
Х	О	О	Х	Ч	Б	Б	Р	З	Ц	А	У	В	Т	Л	Ы
Г	Я	Н	Б	Н	Д	Ц	У	Н	О	Х	Ь	П	С	У	Т
Д	Ж	Х	Ф	Л	Г	Ь	Ю	А	Ь	Ц	Й	Х	О	Е	Н
Е	Щ	Л	Ю	Л	Е	И	Ы	Н	В	Л	И	Я	Н	И	Я
Т	И	Д	Е	И	И	М	А	И	У	Р	К	И	Ь	Н	И
С	Щ	Ж	Л	Н	У	К	А	Е	М	Б	С	П	Л	А	Ц
Т	М	Ы	Е	Ж	Е	И	Т	Ф	Ы	Э	Е	А	А	Н	А
В	Ж	О	Ф	Д	Ъ	Т	Л	И	С	М	Ч	Р	Е	З	С
О	Б	М	Ю	Ъ	Г	Н	С	Ь	Л	О	И	Е	Р	О	Н
Л	И	Ч	Н	О	С	Т	Ь	Х	И	Ц	Н	Т	П	С	Е
В	О	С	П	Р	И	Я	Т	И	Е	И	И	Е	Д	Д	С
П	О	В	Е	Д	Е	Н	И	Е	Э	И	Л	У	Ф	О	П
Н	Р	О	Ц	Е	Н	К	А	Я	Т	Г	К	Т	Ы	П	Ф
Б	Е	З	С	О	З	Н	А	Н	И	Я	О	П	Р	К	М

КЛИНИЧЕСКИЙ
ПОЗНАНИЕ
ПОВЕДЕНИЕ
КОНФЛИКТ
ЭГО
ЭМОЦИИ
ОПЫТ
ИДЕИ
БЕЗ СОЗНАНИЯ
ДЕТСТВО
ВЛИЯНИЯ
МЫСЛИ
ВОСПРИЯТИЕ
ЛИЧНОСТЬ
ПРОБЛЕМА
РЕАЛЬНОСТЬ
СЕНСАЦИЯ
ПОДСОЗНАНИЕ
ТЕРАПИЯ
ОЦЕНКА

32 - Paesaggi

В	Ь	Е	Д	В	Ж	Л	Г	Е	Й	З	Е	Р	Ъ	Ж	Т
Ю	Е	К	Ч	О	Я	С	П	О	Ъ	Ц	Б	П	И	П	У
М	Е	Т	Н	Р	Л	К	Ю	И	Г	К	П	В	Н	А	Н
Ф	Д	Ф	Л	Т	П	И	Ч	А	О	Р	Е	З	О	Ж	Д
Г	Р	В	В	С	Ъ	Н	Н	Н	Р	О	Ц	С	Р	Х	Р
Н	О	Ы	Ф	О	Ч	Д	П	А	А	Л	Р	Е	К	А	А
У	П	Ц	М	У	Ъ	Е	Т	Е	А	Й	С	Б	Е	Р	Г
Ш	В	П	О	Л	Ж	Л	Ф	К	Щ	Е	С	Р	Т	Т	Е
Ж	Щ	Ю	Ш	О	О	В	Е	О	Ф	Е	Б	Б	Ю	Ц	Ь
П	Ы	В	Щ	П	Ф	Х	Т	У	В	О	Р	Т	С	О	К
Р	Ш	У	Ф	С	П	У	С	Т	Ы	Н	Я	А	И	Т	Ь
И	Р	Д	Ъ	Б	Т	Н	И	Ж	Д	А	П	О	Д	О	В
М	О	Р	Е	Ч	Ъ	И	З	Я	М	К	Ш	К	А	Л	Х
Т	Н	Ф	Н	Ь	Я	И	А	И	П	Л	Х	А	Т	О	Ь
Е	И	О	Ч	И	Я	Б	О	Щ	Ю	У	Е	Л	Х	Б	Х
Ъ	П	Д	П	Ы	Н	Ь	Ъ	У	Я	В	Ц	Щ	Н	Г	Ц

ВОДОПАД
ХОЛМ
ПУСТЫНЯ
РЕКА
ГЕЙЗЕР
ЛЕДНИК
ПЕЩЕРА
АЙСБЕРГ
ОСТРОВ
ОЗЕРО
МОРЕ
ГОРА
ОАЗИС
ОКЕАН
БОЛОТО
ПОЛУОСТРОВ
ПЛЯЖ
ТУНДРА
ДОЛИНА
ВУЛКАН

33 - Ristorante #2

К	Ь	Б	Ц	П	Л	С	П	Х	Е	Ы	К	Ж	Ц	Ж	Ф
З	Ш	Л	Е	Д	О	В	Т	А	Л	А	С	Ю	С	У	П
А	Т	О	О	Е	Ж	Щ	Ц	У	Л	К	Ъ	Ы	Ю	Е	С
К	О	У	Ж	С	К	Л	Е	Р	Л	Л	М	О	Щ	Ш	П
У	Р	С	Н	Ц	А	Л	С	Н	О	И	И	Ъ	Б	Ш	Е
С	Т	В	Ъ	Ю	Т	Ь	П	Щ	Ъ	В	Ъ	К	Д	Б	К
К	Т	Д	Н	О	И	О	Е	О	Ь	Ц	Ю	Ъ	О	Б	В
А	Д	А	А	Д	О	В	Ц	Ж	М	Ф	Р	У	К	Т	К
Ч	Р	Б	П	Б	С	М	И	О	Е	Ж	О	Щ	М	Н	У
О	И	О	И	Щ	Ы	М	И	М	Б	Ю	Г	Т	Щ	А	С
В	Ф	Л	Т	Ш	И	Р	О	Т	Т	В	Ш	С	Я	И	Н
О	В	Т	О	Б	Я	Ж	Б	П	М	Ъ	Ч	Щ	И	Ц	Ы
Щ	Ь	К	К	Я	Ю	Х	Е	К	Ъ	Б	Ю	Ъ	Т	И	Й
И	Е	В	П	Й	Е	М	Д	Ю	Ч	Н	Т	М	Я	Ф	Ъ
Ф	Ш	С	Б	Ц	Ф	Ц	Ъ	С	Ю	Ы	Л	А	Б	О	Ф
Ж	В	Ж	Л	А	Е	Ж	С	Щ	Б	Г	Н	Е	И	Г	Г

ВОДА
ЗАКУСКА
НАПИТОК
ОФИЦИАНТ
ОБЕД
ЛОЖКА
ВКУСНЫЙ
ВИЛКА
ФРУКТ
ЛЕД

САЛАТ
СУП
РЫБА
СОЛЬ
СТУЛ
СПЕЦИИ
ТОРТ
ЯЙЦА
ОВОЩИ

34 - Moda

И	З	М	Е	Р	Е	Н	И	Я	В	П	П	Е	О	А	Т
Л	Р	Ф	Л	М	Й	О	Ь	И	Я	Р	Р	Ч	С	С	Н
К	Ъ	Я	В	М	Ы	О	М	Т	Н	О	А	Н	Я	М	Ш
Э	Л	Е	Г	А	Н	Т	Н	Ы	Й	С	К	Е	Н	И	Я
М	Ч	Н	Г	Д	Н	А	Н	Д	Ы	Т	Т	Ь	И	Н	Ж
Б	Ж	Н	Б	Ж	Е	Р	К	Ш	Н	О	И	В	Т	И	А
П	У	Л	Л	Е	М	У	Ъ	Ж	Б	Й	Ч	К	Ъ	М	В
С	И	Т	Ъ	Д	Е	Т	Т	Ъ	О	Щ	Е	Р	С	А	Х
В	К	Г	И	О	Р	С	К	К	Д	Е	С	У	Ш	Л	Т
Ы	П	Р	Е	К	В	К	Н	А	У	В	К	Ж	А	И	Ф
Ш	О	Я	О	Н	О	Е	Л	Ц	Н	О	И	Е	Б	С	Ч
И	Н	Л	Б	М	С	Т	Е	И	Р	Ь	Й	В	Л	Т	Т
В	К	Я	И	Ц	Н	Е	Д	Н	Е	Т	Ц	О	О	К	Ч
К	Я	Я	Р	Ч	Р	Ы	С	Т	И	Л	Ь	Г	Н	Т	Е
А	Н	Л	Е	М	Ю	Ы	Й	О	Р	И	Г	И	Н	А	Л
Ь	Б	И	Г	В	К	Щ	Д	О	Р	О	Г	О	Й	Ъ	И

ОДЕЖДА
БУТИК
ДОРОГОЙ
УДОБНЫЙ
ЭЛЕГАНТНЫЙ
МИНИМАЛИСТ
ИЗМЕРЕНИЯ
ШАБЛОН
СОВРЕМЕННЫЙ
СКРОМНЫЙ

ОРИГИНАЛ
КРУЖЕВО
ПРАКТИЧЕСКИЙ
КНОПКИ
ВЫШИВКА
ПРОСТОЙ
СТИЛЬ
ТЕНДЕНЦИЯ
ТКАНЬ
ТЕКСТУРА

35 - Giardino

К	Ь	И	О	В	К	А	М	А	Г	Н	А	Л	Ш	Д	Я
Р	Т	Г	А	Ф	У	С	О	Ы	М	Г	Ю	Ь	Ч	Е	Ь
Ы	Р	Ш	Р	Д	С	В	У	Х	Ч	И	Щ	Х	М	Р	У
Л	Ф	Щ	О	А	Т	У	Т	А	Б	Х	М	М	Л	Е	Т
Ь	О	Х	Б	С	Б	А	Ч	И	Р	Ц	Ш	Т	У	В	С
Ц	Г	Т	А	Ч	У	Л	О	Г	К	Я	Ю	Н	Ж	О	И
О	П	Р	З	Ж	Ш	С	И	Т	П	Р	У	Д	А	Х	У
Д	К	Г	Н	Ъ	М	В	К	Р	П	П	К	Т	Й	Л	Я
Е	В	Ы	Л	Щ	Ж	Ч	Я	А	Ы	Г	М	Ы	К	Ш	Г
Л	В	Ф	О	Н	В	Л	Н	В	Т	Х	Ф	Ц	А	В	Х
Ж	О	Т	П	С	Ж	А	Р	А	Г	Р	Е	В	Ч	Я	Д
П	Щ	У	А	Т	К	П	О	У	Щ	Ч	Ю	Е	И	Л	О
В	О	Ш	Т	У	Х	А	С	А	Р	Р	Е	Т	Ф	В	Ж
Л	Ш	Ч	А	Л	Д	П	М	О	П	Ч	Ж	О	Ш	В	К
Р	Ы	О	В	Ц	Х	Ш	Е	Ь	С	Т	С	К	Ж	О	В
Б	Ц	Ъ	Е	А	Е	Г	С	Ч	Я	Н	Ш	П	Ч	Щ	М

ДЕРЕВО
ГАМАК
КУСТ
ТРАВА
СОРНЯКИ
ЦВЕТОК
ГАРАЖ
САД
ЛОПАТА
СКАМЬЯ
КРЫЛЬЦО
ЛУЖАЙКА
ГРАБЛИ
ЗАБОР
ПРУД
ПОЧВА
ТЕРРАСА
БАТУТ
ШЛАНГ

36 - Riscaldamento Globale

А	Р	К	Т	И	Ч	Е	С	К	И	Й	И	Н	Ш	А	П
С	С	Я	И	Г	Р	Е	Н	Э	К	М	В	Ы	Ю	К	О
С	Ш	И	М	Ъ	И	И	Ц	Я	Л	У	П	О	П	Р	К
Ч	Д	В	И	Е	И	К	Р	Ж	И	О	Ъ	М	Т	И	О
М	Л	Т	Я	Ъ	Ж	Ы	С	Л	М	Ц	Д	Ш	О	З	Л
Г	Ы	С	Ш	Р	Д	Д	Ш	Ь	А	Б	Ф	Ъ	И	И	Е
Б	У	Д	У	Щ	Е	Е	У	Ъ	Т	Ж	А	Р	Р	С	Н
К	Я	Е	Ш	Н	Ы	Й	Ы	Н	Е	Ч	У	И	Ф	Ы	И
Л	Л	Л	Н	П	Н	Я	С	Х	А	Ш	Ш	О	Б	Р	Я
Ф	Ш	С	Х	Р	Н	Т	Я	М	Р	Р	Т	Щ	Л	О	Г
Я	Х	О	Ж	А	А	К	Г	Ж	Б	Ъ	О	Ц	П	Х	С
Я	К	П	Е	О	Д	С	Е	Й	Ч	А	С	Д	Ш	У	Ь
Э	К	О	Л	О	Г	И	Ч	Е	С	К	И	Й	Н	Ъ	Ш
Ф	Р	Р	Ц	Л	Е	Р	А	З	В	И	Т	И	Е	Ы	С
И	З	М	Е	Н	Е	Н	И	Я	Г	Ь	Ъ	Щ	Ю	Ъ	Й
Г	А	З	Р	В	Н	И	М	А	Н	И	Е	Ъ	Н	М	Х

ЭКОЛОГИЧЕСКИЙ
АРКТИЧЕСКИЙ
ВНИМАНИЕ
ИЗМЕНЕНИЯ
КЛИМАТ
ПОСЛЕДСТВИЯ
КРИЗИС
ДАННЫЕ
ЭНЕРГИЯ
БУДУЩЕЕ
ГАЗ
ПОКОЛЕНИЯ
МЕЖДУНАРОДНЫЙ
СЕЙЧАС
ПОПУЛЯЦИИ
УЧЕНЫЙ
РАЗВИТИЕ

37 - Frutta

Я	М	А	Н	Г	О	С	О	К	И	Р	Б	А	Ю	Ф	Щ
Г	Ц	Ш	Н	Т	В	А	Ж	Р	А	В	О	К	А	Д	О
О	Д	Ц	Х	С	Г	Н	И	Р	А	Т	К	Е	Н	Ц	М
Д	Ж	П	Л	Я	Й	А	П	А	П	Н	П	Я	Ы	А	А
А	Ч	Ы	Я	Я	С	Н	Д	Ы	Н	Я	Ж	Е	О	С	Л
Л	И	М	О	Н	Б	А	К	И	В	Е	Ж	Е	Ш	Ъ	И
П	О	П	Х	Г	Ш	Л	Т	Я	Ч	С	И	Б	В	Д	Н
Е	Ы	У	С	С	Ъ	И	О	Д	Щ	П	Н	Ь	Д	Ы	А
Р	М	Ц	Ч	П	Щ	К	В	К	С	В	Щ	Ж	Ъ	Ф	Й
С	У	Ь	Д	Ф	М	А	Ю	Я	О	Ш	Х	Я	Ъ	Х	Ы
И	В	И	Н	О	Г	Р	А	Д	С	С	Д	С	Ч	Г	Х
К	О	Д	Н	Ы	Ш	Л	Ц	Ъ	У	В	Б	А	Н	А	Н
Ь	Б	Ю	Ц	Т	Ъ	Ь	Ы	Ю	К	Т	С	В	Ы	Ш	А
Ч	Б	М	Д	Д	Б	В	Ю	А	Я	А	Л	И	Х	У	Н
Б	М	М	Я	Ъ	Т	Ю	К	Ф	Д	Ь	К	Л	Ф	Р	В
К	И	В	И	Ъ	Л	В	Ъ	И	У	Ш	Я	С	Ж	Г	Р

АБРИКОС
АНАНАС
ОРАНЖЕВЫЙ
АВОКАДО
ЯГОДА
БАНАН
ВИШНЯ
КИВИ
МАЛИНА
ЛИМОН
МАНГО
ЯБЛОКО
ДЫНЯ
ЕЖЕВИКА
НЕКТАРИН
ПАПАЙЯ
ГРУША
ПЕРСИК
СЛИВА
ВИНОГРАД

38 - Fattoria #2

У	А	Б	Ж	Щ	Г	В	Г	М	Т	В	Е	Х	Б	О	Г
Ь	Л	Г	Д	Щ	С	В	У	Ф	Е	Р	М	Е	Р	А	Л
Т	Е	Е	Ъ	Ч	Ю	Ъ	С	Щ	И	О	И	Ъ	А	Ъ	И
Н	К	Ч	Й	Ц	Т	Ъ	И	Н	Н	Т	А	К	Б	Р	Ь
Т	Я	Я	И	О	О	Д	С	Р	Е	К	С	Ц	М	Ц	М
А	У	Е	Ъ	Ы	Х	М	Л	О	Ш	А	Я	А	А	Х	Ь
Е	Л	Ы	К	Ч	Ч	Ъ	Я	Ь	О	Р	Л	М	П	Б	Щ
К	О	Н	Е	Н	Г	Я	Ф	Ю	Р	Т	Ч	А	К	Т	У
У	Ж	Т	О	Г	У	Ш	П	Р	О	К	О	Л	О	М	В
К	И	О	В	Ч	Б	Ъ	М	Ж	У	Т	П	Г	Т	Ь	П
У	С	В	Ц	Т	К	Ч	Д	О	Ю	К	М	Е	Т	К	Ш
Р	Г	И	А	М	И	Ш	Ц	Ж	Т	Ж	Т	Д	А	С	Е
У	С	Ж	Ы	Г	Ф	П	М	К	И	Ь	Щ	А	Е	У	Н
З	Я	Ч	М	Е	Н	Ь	Ы	Ы	Е	Ъ	К	Ж	Ы	Ъ	И
А	Л	У	Г	Х	Ь	Ж	К	С	К	Ъ	А	Н	О	Ж	Ц
Д	Д	Ы	Ь	А	У	Г	У	Ъ	Ц	Ы	Я	Щ	С	М	А

ЯГНЕНОК
ФЕРМЕР
УЛЕЙ
УТКА
ЖИВОТНЫЕ
ЕДА
АМБАР
ФРУКТ
САД
ПШЕНИЦА
ОРОШЕНИЕ
ЛАМА
МОЛОКО
КУКУРУЗА
ГУСИ
ЯЧМЕНЬ
ПАСТИ
ОВЦА
ЛУГ
ТРАКТОР

39 - Verdure

Ц	Я	Ч	Х	Е	Ч	Ц	Е	Щ	А	А	Ю	Х	А	Ч	О
Ф	Ы	Д	Л	Д	Х	Т	Т	Т	Ц	Р	И	Р	Ю	Т	Г
У	Ч	У	Ь	Х	Ф	К	А	Р	Т	О	Ф	Е	Л	Ь	У
Л	А	Р	М	Ж	Ф	Т	Л	У	О	Д	Н	Б	Е	Б	Р
В	Х	Ы	М	Д	Ж	Я	А	И	Л	И	Г	Р	И	Ы	Е
М	О	Р	К	О	В	Ь	С	М	А	М	Б	О	Ш	Р	Ц
И	Р	Ъ	О	Л	С	М	А	Б	Ш	О	Ъ	К	И	К	Г
Е	О	У	Н	У	С	Т	Ю	И	Р	П	М	К	Й	П	К
Ш	Г	Н	С	К	Н	К	Б	Р	Е	Ю	Е	О	Е	Ю	Е
Щ	П	У	Е	Щ	Р	Т	А	Ь	П	Ю	С	Л	Р	Х	О
Ы	Т	И	Ч	Т	Ш	А	К	Н	А	Д	К	И	Е	Ф	Ш
И	Л	К	Н	К	Р	В	Л	Д	Ы	Г	Ч	О	Д	С	У
В	Р	Ю	М	А	Ы	Р	А	В	К	Ы	Т	Г	Ь	Е	К
П	С	А	Ш	Д	Т	Ж	Ж	Б	Ю	Я	Н	Ю	Л	Г	Р
А	Р	Т	И	Ш	О	К	А	К	Ш	У	Р	Т	Е	П	Ь
Б	Х	У	Ы	Н	О	Р	Н	Р	Г	Ю	Ъ	К	С	П	И

ЧЕСНОК
БРОККОЛИ
АРТИШОК
МОРКОВЬ
ОГУРЕЦ
ЛУК
ГРИБ
САЛАТ
БАКЛАЖАН
КАРТОФЕЛЬ
ГОРОХ
ПОМИДОР
ПЕТРУШКА
РЕПА
РЕДИС
ШАЛОТ
СЕЛЬДЕРЕЙ
ШПИНАТ
ИМБИРЬ
ТЫКВА

40 - Musica

Г	А	Р	М	О	Н	И	Ч	Е	С	К	И	Й	Ф	Р	М
Ь	Ч	Ы	Ж	Щ	У	М	З	Ъ	У	Ъ	Н	Ы	П	И	И
А	А	Р	Ы	У	М	Г	А	Д	А	Л	Л	А	Б	Т	К
В	Ь	Б	В	Ф	Д	Ж	П	Г	Б	Я	Ъ	Г	Ц	М	Р
Ь	М	Ы	М	Ф	Х	Т	И	Ш	А	Е	Ъ	Ю	Р	И	О
Ф	Щ	Е	Ц	Х	Х	П	С	И	Е	Р	Щ	С	И	Ч	Ф
Л	Д	И	Н	Ю	Ъ	Ю	Ь	Щ	У	Ю	М	У	Т	Н	О
А	Й	Ы	Н	Ь	Л	А	К	Ы	З	У	М	О	М	Ы	Н
В	П	Д	Ю	С	М	У	З	Ы	К	А	Н	Т	Н	Й	Т
О	П	Е	Р	А	Т	П	А	Л	Ь	Б	О	М	Ш	И	Ж
Б	Б	П	Ш	О	Х	Р	О	Х	У	П	Е	В	Е	Ц	Я
М	Е	Л	О	Д	И	Я	У	Э	Х	И	Д	П	Ф	В	Ц
И	Ы	Ю	Ь	Ы	Л	Ю	Ж	М	Т	Ь	У	Е	С	Я	Л
М	О	Б	Р	Ч	Б	Ш	Ы	И	Е	И	К	Т	Ч	Г	У
Л	И	Р	И	Ч	Е	С	К	И	Й	Н	К	Ь	И	Ь	Ь
Г	Щ	Ю	О	Ь	Е	Я	А	Ф	С	Ъ	Т	А	Ж	Д	И

АЛЬБОМ
ГАРМОНИЯ
ГАРМОНИЧЕСКИЙ
БАЛЛАДА
ПЕВЕЦ
ПЕТЬ
ХОР
ЛИРИЧЕСКИЙ
МЕЛОДИЯ
МИКРОФОН
МУЗЫКАЛЬНЫЙ
МУЗЫКАНТ
ОПЕРА
ПОЭТИКА
ЗАПИСЬ
РИТМИЧНЫЙ
РИТМ
ИНСТРУМЕНТ

41 - Barbecue

Х	Ж	Д	Н	Ф	К	С	К	Ч	Л	П	П	Ы	Х	Е	Ш
М	У	Е	П	Р	Е	Е	У	Ь	Е	Ц	Е	Ъ	Л	П	Б
О	У	О	Х	У	И	М	Р	Г	Т	С	Я	Р	Д	Р	Ь
Н	О	З	П	К	Н	Ь	И	Р	О	Ч	Ф	Я	Е	Ь	О
С	У	П	Ы	Т	Е	Я	Ц	И	О	В	О	Щ	И	Ц	Н
А	Д	Е	Г	К	Ш	П	А	Л	Ъ	П	А	А	Р	Щ	А
Л	Д	Ъ	Х	У	А	М	О	Ь	Л	О	С	О	Б	Е	Д
А	О	С	В	Л	Л	К	Р	М	И	Г	Р	Ы	Е	У	О
Т	Л	С	М	Ь	Г	М	Р	Б	И	Ф	Ч	Щ	Ь	Ю	Л
Ы	Ф	Ы	Ю	Щ	И	В	Ч	У	С	Д	У	Т	Р	А	О
Н	И	Ч	Л	Ы	Р	Ь	Х	Б	Н	Д	О	О	Щ	Я	Г
Х	Д	Ъ	Ф	Ш	П	С	О	У	С	Я	Р	Р	Ф	Я	Щ
Г	О	Р	Я	Ч	И	Й	У	К	К	Д	И	Ж	Ы	Х	Ъ
Е	Х	Ф	Ъ	Щ	Б	Г	Н	О	Ж	И	О	Ш	Л	Р	В
Ф	М	Ъ	Ф	Ч	Ч	У	И	Е	Д	Ъ	В	Т	А	Т	Ф
О	Л	М	Ф	Г	Д	Н	Ь	О	Х	Е	К	П	Г	М	П

ГОРЯЧИЙ
ОБЕД
ЕДА
ЛУК
НОЖИ
ЛЕТО
ГОЛОД
СЕМЬЯ
ФРУКТ
ИГРЫ
ГРИЛЬ
САЛАТЫ
ПРИГЛАШЕНИЕ
МУЗЫКА
ПЕРЕЦ
КУРИЦА
ПОМИДОРЫ
СОЛЬ
СОУС
ОВОЩИ

42 - Insetti

Ы	Г	Ш	Ц	Ь	Ц	Я	Б	Ц	Ж	Б	Я	К	П	А	У
Ж	Р	Н	У	Е	Е	Ф	Ь	Ъ	П	Ф	И	Ъ	Р	С	Б
Ю	Л	Ш	Б	Ъ	Р	Н	И	Ж	Х	Щ	Ж	Е	Р	Й	Л
Р	Л	Л	Ч	Ю	Х	П	Е	Б	Ц	Т	И	М	Р	Е	Т
Ы	О	Р	Ы	Ж	Ш	В	Б	Д	А	Ъ	Л	Л	В	В	Ф
У	М	О	К	Ж	Щ	О	Т	Д	А	Ч	Н	А	Р	А	С
Б	О	Ж	Ь	Я	К	О	Р	О	В	К	А	З	Т	Р	И
О	Г	К	Л	Н	Б	Л	О	Х	А	У	К	О	А	У	С
Т	О	Б	И	Р	Е	О	К	Ф	Р	Ж	А	К	К	М	Л
Е	Б	И	Ч	Щ	П	Ш	Ш	У	Ь	В	Р	Е	Ч	Л	Т
Ю	С	Е	И	П	Ъ	Ф	Р	С	З	Л	А	Р	О	В	Г
Т	Л	Я	Н	Ы	Т	М	Г	Е	Ц	Н	Т	Т	Б	С	Р
И	Ь	Ц	К	П	М	Р	М	Ъ	Ш	У	Е	С	А	С	А
Б	Р	Х	А	Л	Е	Ч	П	С	К	Ю	Я	Ч	Б	Х	М
Ц	И	К	А	Д	А	Л	Ь	Ш	Е	Д	О	Г	И	Ъ	О
Щ	Ъ	Е	В	У	Л	Ш	Г	Д	Х	Ж	К	Ж	Ц	К	К

ТЛЯ
ПЧЕЛА
ШЕРШЕНЬ
КУЗНЕЧИК
ЦИКАДА
БОЖЬЯ КОРОВКА
ЖУК
БАБОЧКА
МУРАВЕЙ
ЛИЧИНКА
СТРЕКОЗА
САРАНЧА
БОГОМОЛ
БЛОХА
ТАРАКАН
ТЕРМИТ
ЧЕРВЬ
ОСА
КОМАР

43 - Fisica

Х	Я	Ш	Д	Я	М	Х	М	А	Г	Н	Е	Т	И	З	М
К	Д	Н	Х	К	И	А	Л	У	М	Р	О	Ф	Б	О	Ш
Б	Е	Б	Л	Я	Р	О	Ь	Т	С	О	Р	О	К	С	О
М	Р	А	Е	Ь	Ц	С	Х	Л	К	Х	Н	Е	Г	Т	Ю
Р	Н	К	Т	Х	И	М	И	Ч	Е	С	К	И	Е	А	Ы
Р	Ы	И	С	О	К	Л	Ъ	П	Ш	Т	Ф	Я	Р	Я	З
А	Й	Н	Ъ	Е	М	Х	Ц	У	С	Ф	А	Л	Д	Щ	Г
С	Ъ	А	Л	У	К	Е	Л	О	М	Р	Ц	Г	Т	Н	Х
Ш	Ы	Х	П	Е	Р	Е	М	Е	Н	Н	А	Я	И	Я	Л
И	Б	Е	П	Ю	Э	Л	Е	К	Т	Р	О	Н	Д	В	Ъ
Р	М	М	Ч	А	С	Т	О	Т	А	Г	В	У	М	Ш	Д
Е	Ь	П	Л	О	Т	Н	О	С	Т	Ь	Ж	Ъ	Н	А	Ъ
Н	Ч	А	С	Т	И	Ц	А	У	Е	Щ	Ь	Ъ	Ю	Ы	Т
И	У	Н	И	В	Е	Р	С	А	Л	Ь	Н	Ы	Й	К	Х
Е	У	С	К	О	Р	Е	Н	И	Е	Ы	Ф	Ь	Щ	Н	Д
М	И	Г	Р	А	В	И	Т	А	Ц	И	Я	Ы	Л	У	Ы

УСКОРЕНИЕ
АТОМ
ХАОС
ХИМИЧЕСКИЕ
ПЛОТНОСТЬ
ЭЛЕКТРОН
РАСШИРЕНИЕ
ФОРМУЛА
ЧАСТОТА
ГАЗ
ГРАВИТАЦИЯ
МАГНЕТИЗМ
МЕХАНИКА
МОЛЕКУЛА
ДВИГАТЕЛЬ
ЯДЕРНЫЙ
ЧАСТИЦА
УНИВЕРСАЛЬНЫЙ
ПЕРЕМЕННАЯ
СКОРОСТЬ

44 - Agronomia

Б	У	Ю	Я	Н	И	Ы	Я	П	В	М	К	Ъ	И	К	И
Ф	О	Я	И	У	К	М	И	П	К	И	О	Т	Д	И	С
Г	Ч	Л	Н	Т	В	Е	Г	Д	Й	Т	У	О	Е	И	С
Р	Х	А	Е	В	Э	Р	О	З	И	Я	Ж	Р	Н	Ч	Л
Е	Л	Б	Т	З	И	Д	Л	П	К	А	Ф	Г	Т	С	Е
И	Ч	Л	С	Б	Н	А	О	О	С	А	Т	А	И	Э	Д
Н	Л	С	А	В	Д	И	К	Ч	Ь	У	С	Н	Ф	Н	О
Е	Г	К	Р	К	Ю	К	Э	В	Л	В	Н	И	И	Е	В
Н	А	У	К	А	Ц	Р	Ж	А	Е	Я	Ы	Ч	К	Р	А
З	Д	Д	С	Е	М	Е	Н	А	С	Е	А	Е	А	Г	Н
Я	О	Р	Е	И	Н	Е	Р	Б	О	Д	У	С	Ц	И	И
Р	В	А	О	С	И	С	Т	Е	М	Ы	Н	К	И	Я	Е
Г	В	Д	О	С	Ы	Ц	Ь	Ъ	Щ	Е	Ц	И	Я	Р	Д
А	Ы	Т	Ч	Ь	Т	А	Ч	У	З	И	У	Й	Х	М	М
З	П	Р	О	И	З	В	О	Д	С	Т	В	О	Р	Ф	Ш
Я	К	О	О	У	Я	Я	Е	И	Ъ	Ы	Ю	Ы	Б	Х	Т

ВОДА
ЕДА
РОСТ
ЭКОЛОГИЯ
ЭНЕРГИЯ
ЭРОЗИЯ
УДОБРЕНИЕ
ИДЕНТИФИКАЦИЯ
ЗАГРЯЗНЕНИЕ
БОЛЕЗНИ
ОРГАНИЧЕСКИЙ
РАСТЕНИЯ
ПРОИЗВОДСТВО
ИССЛЕДОВАНИЕ
СЕЛЬСКИЙ
НАУКА
СЕМЕНА
СИСТЕМЫ
ИЗУЧАТЬ
ПОЧВА

45 - Erboristeria

У	Л	Ж	С	И	Ь	Н	О	Г	А	Р	Т	С	Э	И	П
Н	Щ	Ю	Ю	А	Ю	А	Х	Р	Л	Ы	У	У	Ь	Н	Е
Ш	Г	М	И	Х	Щ	Р	О	Ъ	Е	Ь	Н	А	Ы	Г	Т
Л	К	И	Щ	Ф	Я	Ф	Ж	Ж	Ж	Г	И	А	Х	Р	Р
Р	К	И	Л	И	З	А	Б	В	В	Ы	А	В	Ф	Е	У
П	О	Р	К	У	С	Ш	О	Ш	Ф	Л	Ъ	Н	А	Д	Ш
В	Н	З	В	С	П	А	Д	Н	А	В	А	Л	О	И	К
К	С	Т	М	Ч	Д	И	Д	Д	Д	М	Я	Т	А	Е	А
А	Е	И	И	А	К	У	Л	Г	Ф	К	А	Щ	Ю	Н	М
Ч	Ч	М	Н	А	Р	О	Й	А	М	О	Щ	Ы	У	Т	Я
Е	М	Ь	Ы	Т	Ю	И	Ы	А	Б	И	Л	Ф	У	О	Р
С	Ш	Я	Щ	Х	Й	Ы	Н	Р	А	Н	И	Л	У	К	П
Т	И	Н	Й	И	К	С	Е	Ч	И	Т	А	М	О	Р	А
В	А	К	М	Ю	И	Ь	Л	Е	Х	Н	Е	Ф	Ь	Ъ	Щ
О	Ь	Ю	Н	К	О	Т	Е	В	Ц	Б	Н	Ш	Я	Ц	С
Р	И	С	Я	А	Ж	Ч	З	Ц	К	У	Ы	Х	Ж	Д	Л

ЧЕСНОК
УКРОП
АРОМАТИЧЕСКИЙ
БАЗИЛИК
КУЛИНАРНЫЙ
ЭСТРАГОН
ФЕНХЕЛЬ
ЦВЕТОК
САД
ИНГРЕДИЕНТ
ЛАВАНДА
МАЙОРАН
МЯТА
ОРЕГАНО
ПЕТРУШКА
КАЧЕСТВО
РОЗМАРИН
ТИМЬЯН
ЗЕЛЕНЫЙ
ШАФРАН

46 - Danza

Х	Т	О	Я	Ю	Я	Щ	Е	Д	Д	С	В	В	Н	Ф	О
Р	О	Л	Е	Т	И	С	У	Г	В	Ю	Ы	Ъ	Ч	Ь	Ы
К	Е	Р	Ж	Ф	Ц	И	Т	Ъ	И	Ъ	Р	Ч	Н	Ш	О
Р	Л	П	Е	С	А	З	О	П	Ж	Ь	А	П	Б	И	Ц
А	Х	А	Е	О	Р	И	Т	М	Е	Л	З	Ю	Б	В	У
Д	Ш	Р	С	Т	Г	Л	Л	Я	Н	Я	И	Ц	О	М	Э
О	Ю	У	Ш	С	И	Р	Ь	Ч	И	Т	Т	Р	Ф	В	И
С	У	Т	В	О	И	Ц	А	Ф	Е	Ъ	Е	Ю	Щ	И	С
Т	Я	Ь	Л	Х	Ы	Ч	И	Ф	П	Щ	Л	В	Ф	З	К
Н	И	Л	В	С	Ю	Л	Е	Я	И	Ж	Ь	Щ	Р	У	У
Ы	М	У	Щ	Я	Т	О	Щ	С	Ю	Я	Н	Я	Ь	А	С
Й	Е	К	М	У	З	Ы	К	А	К	Е	Ы	Ф	Т	Л	С
Х	Д	М	Б	Щ	Ь	У	Х	Н	Ъ	И	Й	Г	Ч	Ь	Т
П	А	Р	Т	Н	Е	Р	Л	С	Н	А	Й	Н	О	Н	В
И	К	Т	Р	А	Д	И	Ц	И	О	Н	Н	Ы	Й	Ы	О
О	А	К	У	Л	Ь	Т	У	Р	Н	Ы	Й	Ш	С	Й	Ц

АКАДЕМИЯ
ИСКУССТВО
КЛАССИЧЕСКИЙ
ПАРТНЕР
ХОРЕОГРАФИЯ
ТЕЛО
КУЛЬТУРА
КУЛЬТУРНЫЙ
ЭМОЦИЯ
ВЫРАЗИТЕЛЬНЫЙ
РАДОСТНЫЙ
ГРАЦИЯ
ДВИЖЕНИЕ
МУЗЫКА
ПОЗА
РЕПЕТИЦИЯ
РИТМ
ТРАДИЦИОННЫЙ
ВИЗУАЛЬНЫЙ

47 - Biologia

А	К	С	П	А	Н	И	С	С	Я	Щ	Р	Б	Ф	М	Х
Н	О	О	Ж	Ч	Ч	А	Я	О	Ъ	М	Т	Ц	Я	Л	Р
А	Л	М	Л	Е	А	Ь	Ш	О	Н	О	В	Р	Ь	Е	О
Т	Е	С	Н	Л	Э	В	О	Л	Ю	Ц	И	Я	Б	К	М
О	Б	О	Р	Е	А	Р	Е	П	Т	И	Л	И	Я	О	О
М	Ц	В	Г	Ц	Й	Г	В	Ы	Ч	Г	Ж	Т	Г	П	С
И	Б	Т	Е	Ч	Б	Р	Е	Ф	Ю	Е	Ц	У	О	И	О
Я	Ж	А	О	Е	Л	Л	О	Н	Щ	Г	Е	Ф	Р	Т	М
Э	В	Ч	К	Т	В	Ь	К	Н	С	Ф	Б	В	М	А	А
М	С	З	Е	Т	Н	И	С	О	Т	О	Ф	Х	О	Ю	С
Б	Й	Ы	Н	Н	Е	В	Т	С	Е	Т	С	Е	Н	Щ	И
Р	О	Я	С	Е	Щ	Р	М	Л	Ж	Б	П	М	Б	Е	М
И	Щ	И	Ж	М	С	Е	И	Р	Р	К	Б	Н	Р	Е	Б
О	Д	Х	Ю	Р	Д	Н	Г	И	Я	Ч	Е	Й	К	А	И
Н	Ф	Ц	К	Е	Ъ	С	М	О	Ъ	Ц	Л	У	Ь	Ж	О
Х	Б	И	Г	Ф	М	У	Т	А	Ц	И	Я	К	Н	Л	З

АНАТОМИЯ
БАКТЕРИИ
ЯЧЕЙКА
КОЛЛАГЕН
ХРОМОСОМА
ЭМБРИОН
ФЕРМЕНТ
ЭВОЛЮЦИЯ
ФОТОСИНТЕЗ
МЛЕКОПИТАЮЩЕЕ
МУТАЦИЯ
ЕСТЕСТВЕННЫЙ
НЕРВ
НЕЙРОН
ГОРМОН
ОСМОС
БЕЛОК
РЕПТИЛИЯ
СИМБИОЗ
СИНАПС

48 - Attività Commerciale

Ч	К	Х	Ф	П	Р	О	Д	А	Ж	А	Ч	Ю	Ы	Р	С
С	У	П	И	Г	Ь	Н	Е	Д	А	Ы	Б	Ц	Р	А	Ы
Ь	Я	Т	Н	З	К	У	М	А	Г	А	З	И	Н	Б	П
Т	Ц	О	А	Е	А	Л	Ж	Т	О	В	А	Р	П	О	Ц
С	Д	О	Н	Ъ	Е	В	У	А	Е	Х	А	Ф	Д	Т	Б
О	Д	Г	С	Ь	Г	И	О	М	В	Ж	Л	И	Я	О	Ц
М	К	Е	Ы	Ц	Г	Н	Р	Д	Л	Х	Д	Г	Р	Д	Ь
И	О	К	Л	А	Я	В	А	Ш	У	А	Т	Ю	Л	А	В
О	М	Я	Н	К	Ш	Е	Б	С	Г	И	И	Ч	Б	Т	Т
Т	П	Х	Е	И	А	С	О	С	К	И	Д	К	А	Е	Х
С	А	Я	А	М	Р	Т	Т	Д	О	Х	О	Д	Ч	Л	Р
Щ	Н	Ь	Ц	О	Е	И	Н	Ю	У	У	Ж	Д	Р	Ь	Я
Н	И	Ы	Н	Н	Ь	Ц	И	К	Г	И	О	Л	С	Р	Н
А	Я	Л	Ч	О	Р	И	К	О	Ш	Ц	Ф	Ъ	Ж	Р	Ш
Я	О	Ц	Ъ	К	А	И	Ь	Л	Ы	Б	И	Р	П	Н	Т
Р	Ж	Д	М	Э	К	И	Ш	У	П	Н	С	Ф	Б	Ж	К

БЮДЖЕТ
КАРЬЕРА
СТОИМОСТЬ
РАБОТОДАТЕЛЬ
РАБОТНИК
ЭКОНОМИКА
ЗАВОД
ФИНАНСЫ
ИНВЕСТИЦИИ
ТОВАР
МАГАЗИН
ПРИБЫЛЬ
ДОХОД
СКИДКА
КОМПАНИЯ
ДЕНЬГИ
СДЕЛКА
ОФИС
ВАЛЮТА
ПРОДАЖА

49 - Fiori

К	О	Т	С	Е	П	Е	Л	О	Г	М	К	А	Ь	Г	У
А	Ж	Н	Ъ	Т	Т	Г	Ж	Ы	В	Ч	С	Ы	Л	Л	М
Л	А	С	И	Р	Е	Н	Ь	О	Р	Х	И	Д	Е	Я	А
Е	С	У	Е	Я	Ю	К	И	Ч	Н	А	В	У	Д	О	К
Н	М	К	Б	О	Я	Х	У	Н	Л	О	С	Д	О	П	Ф
Д	И	С	М	Щ	Ч	Ж	Ь	Б	Ц	Ц	К	О	Р	Е	Р
У	Н	И	Ь	А	Ш	Ъ	Т	Д	С	У	Т	Е	Ч	О	О
Л	Г	Б	Ч	Ъ	Р	Г	Я	И	Р	Е	М	Ю	Л	П	З
А	Ж	И	Я	Ч	Ь	Г	П	И	О	Н	Ц	У	Я	П	А
М	Р	Г	Ф	П	Х	Ц	А	Д	Н	А	В	А	Л	Ю	Т
М	А	Г	Н	О	Л	И	Я	Р	Г	Е	К	Т	Ж	Т	Ю
Ю	Ь	Д	Д	Х	Л	А	И	Е	И	Н	Д	Н	Ы	Г	Л
Д	Ф	Ш	У	Г	И	Я	Л	В	Ъ	Т	К	Р	Я	С	Ь
Б	Ы	Ь	Ч	Ъ	Ц	Т	И	Е	И	Ю	К	К	А	Я	П
Ч	Ц	Б	Я	Ч	И	И	Л	Л	Н	Ч	Ь	А	У	Г	А
Е	Ж	Ц	Е	Ж	И	Д	О	К	Л	А	Д	Ы	Р	И	Н

КАЛЕНДУЛА
ОДУВАНЧИК
ГАРДЕНИЯ
ЖАСМИН
ЛИЛИЯ
ПОДСОЛНУХ
ГИБИСКУС
ЛАВАНДА
СИРЕНЬ
МАГНОЛИЯ
МАРГАРИТКА
БУКЕТ
ОРХИДЕЯ
МАК
ПИОН
ЛЕПЕСТОК
ПЛЮМЕРИЯ
РОЗА
КЛЕВЕР
ТЮЛЬПАН

50 - Filantropia

Ы	К	М	Б	Л	Ы	Ц	Х	Н	Д	Ю	Ь	Щ	Д	М	П
Ь	О	В	Т	С	Е	Ч	Е	В	О	Л	Е	Ч	Е	И	Р
М	О	Л	О	Д	Е	Ж	Ь	Л	Д	Ч	Ц	Ф	Т	С	О
Ю	В	Н	С	Д	Ы	Ж	Ь	Н	И	Д	Ю	Л	И	С	Б
И	Т	Б	Ж	У	Ц	Е	Б	Е	Я	И	Ч	Р	М	И	Л
С	С	П	М	У	К	Ъ	К	Ъ	И	Б	Ь	Д	О	Я	Е
Ч	Е	Р	С	Ъ	Н	Ж	О	Щ	Р	Т	Ь	Ы	Ч	А	М
Ф	Щ	О	Ж	Л	Л	Ь	Т	С	О	Н	Т	С	Е	Ч	Ы
Ь	Б	Г	Ы	П	П	У	Р	Г	Т	Ф	С	Н	А	Ф	Н
Ь	О	Р	Т	М	Ч	Х	Я	Б	С	Б	О	А	Ы	Ь	Р
Щ	О	А	К	Щ	Д	Щ	Ы	Л	И	Щ	Р	Н	Ц	К	Х
У	С	М	А	Х	В	Щ	Р	М	Ш	Ц	Д	И	Д	Т	Н
Л	Г	М	Т	Г	Х	Г	Ф	Л	А	Х	Е	Ф	В	Ы	К
Н	Й	Ы	Н	Ь	Л	А	Б	О	Л	Г	Щ	Е	И	Л	Щ
Г	Ч	Н	О	О	Б	Щ	Е	С	Т	В	Е	Н	Н	Ы	Й
Ъ	Ь	Ы	К	Ь	Я	А	П	Ш	Ю	Н	Ш	Ю	Я	Г	Ъ

ДЕТИ
НУЖНО
СООБЩЕСТВО
КОНТАКТЫ
ФИНАНСЫ
ФОНДЫ
ЩЕДРОСТЬ
МОЛОДЕЖЬ
ГЛОБАЛЬНЫЙ
ГРУППЫ
МИССИЯ
ЦЕЛИ
ЧЕСТНОСТЬ
ЛЮДИ
ПРОГРАММЫ
ОБЩЕСТВЕННЫЙ
ПРОБЛЕМЫ
ИСТОРИЯ
ЧЕЛОВЕЧЕСТВО

51 - Discipline Scientifiche

Г	М	И	Ц	М	Ж	П	Н	Б	И	О	Х	И	М	И	Я
Е	И	А	К	И	Т	С	И	В	Г	Н	И	Л	П	Ъ	Л
О	Н	Щ	Д	М	Я	И	Г	О	Л	О	Н	У	М	М	И
Л	Е	И	Б	В	И	Х	Б	О	Т	А	Н	И	К	А	Х
О	Р	Б	Я	И	Г	О	Л	О	Р	В	Е	Н	С	Ф	И
Г	А	Я	И	Г	О	Л	О	К	Э	Ш	Н	К	Ч	Р	О
И	Л	Ь	А	Б	Л	О	А	Я	И	Г	О	Л	О	О	З
Я	О	Б	Ж	Ь	О	Г	Х	Х	И	М	И	Я	О	Ы	Р
П	Г	В	К	Б	И	И	Г	Ц	К	М	Г	П	Ф	У	Е
Т	И	Ч	М	Ь	Б	Я	И	Г	О	Л	О	Е	Х	Р	А
Б	Я	И	Г	О	Л	О	И	Ц	О	С	Х	Т	В	Я	Ш
Ж	Ц	Д	Ю	М	В	М	Е	Х	А	Н	И	К	А	С	Ь
А	С	Т	Р	О	Н	О	М	И	Я	Ь	В	П	Я	Н	Н
Т	Е	Р	М	О	Д	И	Н	А	М	И	К	А	Н	Ы	А
Ф	И	З	И	О	Л	О	Г	И	Я	Р	Ж	Н	В	Ъ	П
М	Е	Т	Е	О	Р	О	Л	О	Г	И	Я	Л	П	Г	Г

АНАТОМИЯ
АРХЕОЛОГИЯ
АСТРОНОМИЯ
БИОХИМИЯ
БИОЛОГИЯ
БОТАНИКА
ХИМИЯ
ЭКОЛОГИЯ
ФИЗИОЛОГИЯ
ГЕОЛОГИЯ
ИММУНОЛОГИЯ
ЛИНГВИСТИКА
МЕХАНИКА
МЕТЕОРОЛОГИЯ
МИНЕРАЛОГИЯ
НЕВРОЛОГИЯ
ПСИХОЛОГИЯ
СОЦИОЛОГИЯ
ТЕРМОДИНАМИКА
ЗООЛОГИЯ

52 - Scienza

Л	Щ	Ъ	Щ	К	Н	Щ	Щ	Ш	Ю	Т	Н	Е	П	Ч	У
П	А	Е	Щ	К	Ш	Ш	Ы	Е	А	Д	Ы	М	Я	Б	Ч
М	Ю	Б	Ч	О	Л	У	Ш	Д	Л	А	У	А	Т	У	Е
Э	П	Д	О	Т	Е	М	О	Т	А	С	К	П	Щ	Р	Н
Х	К	Ш	И	Р	Г	И	П	О	Т	Е	З	А	О	К	Ы
И	Г	С	Ы	Л	А	Р	Е	Н	И	М	С	Л	И	Ч	Й
М	Г	Р	П	Ю	Д	Т	К	А	Ф	Ш	Ф	Ч	С	М	Е
И	Ъ	О	А	Е	О	Е	О	М	Е	А	П	О	К	С	И
Ч	Я	Ъ	Ч	В	Р	В	Л	Р	П	Ч	И	Ц	Ь	Ц	Н
Е	И	Ф	В	Ь	И	И	Ы	Ц	И	Т	С	А	Ч	В	Е
С	Ц	Ь	И	Ц	Р	Т	М	Ю	Щ	Я	В	Р	Щ	Ф	Д
К	Ю	Ъ	К	Ф	П	А	А	Е	Ы	Н	Н	А	Д	И	Ю
И	Л	Р	Н	Ж	Ю	М	Б	Ц	Н	Ф	П	П	Е	З	Л
Е	О	Р	Г	А	Н	И	З	М	И	Т	М	Р	С	И	Б
М	В	К	Р	Ж	У	Л	Т	Ы	Ы	Я	Н	С	О	К	А
А	Э	И	Ы	Л	У	К	Е	Л	О	М	С	П	И	А	Н

АТОМ
ХИМИЧЕСКИЕ
КЛИМАТ
ДАННЫЕ
ЭКСПЕРИМЕНТ
ЭВОЛЮЦИЯ
ФАКТ
ФИЗИКА
ИСКОПАЕМОЕ
ГРАВИТАЦИЯ
ГИПОТЕЗА
ЛАБОРАТОРИЯ
МЕТОД
МИНЕРАЛЫ
МОЛЕКУЛЫ
ПРИРОДА
ОРГАНИЗМ
НАБЛЮДЕНИЕ
ЧАСТИЦЫ
УЧЕНЫЙ

53 - Imbarcazioni

Г	Ч	Ц	К	М	Н	Ч	М	Е	Э	Ш	А	Ф	Ж	С	Б
И	Т	С	Л	О	П	Д	Х	А	Е	К	О	Д	Р	Щ	У
Х	П	Ч	Ь	Р	О	К	Я	К	Ч	Г	И	Н	У	Ь	Й
Л	П	Г	Щ	Я	Л	В	Р	В	Ж	Т	Х	П	Щ	К	О
К	Л	Щ	Ы	К	П	Щ	Б	Е	Е	Б	А	Ф	А	Д	К
Е	А	Ч	Ч	А	Д	Р	Я	Р	Ь	Г	Х	Б	Т	Ж	С
К	Р	Я	К	О	И	К	М	Е	О	Г	К	Х	Х	К	Р
Б	Е	И	К	К	Ю	Ы	М	В	П	И	А	О	Я	И	О
П	Л	О	Т	Е	Ц	Ч	Л	П	Т	Ы	Н	Л	О	В	М
Р	Ы	Г	Л	А	Л	И	Е	Р	О	М	О	Р	А	П	Б
С	Ь	В	Ф	Н	И	С	Щ	И	Ы	О	Э	Х	Ь	Я	Ш
П	Ж	И	Ы	П	Ь	Ш	У	Л	Ь	К	Я	И	О	М	Ь
Ю	У	Ч	Т	С	К	Ш	К	И	Ф	Х	Я	Л	З	Я	Г
Ж	Ъ	В	П	Ж	Г	У	Ш	В	Р	Е	К	А	Е	Л	Ч
У	Ъ	У	Ч	Т	Ф	Ы	П	Е	Я	Е	Ч	М	Р	Б	Ю
Д	В	И	Г	А	Т	Е	Л	Ь	У	Ъ	Е	Ъ	О	В	Р

МАЧТА
ЯКОРЬ
БУЙ
КАНОЭ
ВЕРЕВКА
ДОК
ЭКИПАЖ
РЕКА
КАЯК
ОЗЕРО

МОРЕ
ПРИЛИВ
МОРЯК
ДВИГАТЕЛЬ
МОРСКОЙ
ОКЕАН
ВОЛНЫ
ПАРОМ
ЯХТА
ПЛОТ

54 - Chimica

Я	С	Н	Й	Щ	П	Ф	С	С	Ч	П	В	М	П	Щ	А
А	Ж	Ы	И	Ь	Е	Д	Ь	Д	У	Ж	П	Ж	Ы	Б	Т
А	Т	Щ	К	К	Т	Л	Н	Ц	С	Ы	Ч	Ц	Р	Я	О
Л	Д	Н	С	Е	В	Д	О	Р	О	Д	О	В	И	Д	М
У	Г	Л	Е	Р	О	Д	Б	Ч	Ш	Е	Я	Ж	О	Е	Н
К	Т	К	Ч	М	С	Н	Ю	Ю	Н	Щ	В	И	Н	Р	Ы
Е	Е	А	И	У	Р	Х	О	Б	Ж	О	Ч	Д	О	Н	Й
Л	М	Т	Н	У	С	Е	Л	Ж	О	Ч	Й	К	Р	Ы	И
О	П	А	А	Р	А	Ж	Ф	О	Х	Ь	К	О	Т	Й	Щ
М	Е	Л	Г	У	Л	Я	Е	Ж	Р	Е	Щ	С	К	О	Ы
Ц	Р	И	Р	С	Т	Ю	И	Ы	Г	Ч	В	Т	Е	Ъ	Ь
Я	А	З	О	Г	И	Ш	Ц	С	Е	С	В	Ь	Л	Ы	Ф
Р	Т	А	Ш	Л	Р	Е	Ф	Г	Ф	Т	Ы	Х	Э	Д	Е
О	У	Т	Ы	Ы	М	П	В	А	Т	О	Л	С	И	К	П
Р	Р	О	С	О	Л	Ь	Я	З	Н	Л	Ч	С	У	М	А
А	А	Р	Ъ	К	И	С	Л	О	Р	О	Д	В	Ц	Ъ	Ш

КИСЛОТА
ЩЕЛОЧНОЙ
АТОМНЫЙ
ЖАРА
УГЛЕРОД
КАТАЛИЗАТОР
ХЛОР
ЭЛЕКТРОН
ФЕРМЕНТ
ГАЗ

ВОДОРОД
ИОН
ЖИДКОСТЬ
МОЛЕКУЛА
ЯДЕРНЫЙ
ОРГАНИЧЕСКИЙ
КИСЛОРОД
ВЕС
СОЛЬ
ТЕМПЕРАТУРА

55 - Api

Б	А	Н	П	Б	Н	Е	Р	Л	Ц	И	Б	В	Ь	Ц	В
У	М	М	Ы	Д	Т	Т	Д	А	В	Е	Л	О	Р	О	К
А	Е	А	Л	Ш	Е	П	О	Д	С	Ф	Д	С	Л	Б	Д
У	Т	Б	Ь	Ю	Н	Ч	Ч	Е	У	Т	Р	К	Ы	Ъ	Ш
Я	С	Д	Ц	К	Ы	Ф	В	К	А	Н	Е	Р	Щ	М	С
Е	И	З	А	Р	Б	О	О	Н	З	А	Р	Н	И	Е	Г
И	С	В	Н	А	С	Е	К	О	М	О	Е	Ы	И	Д	У
Н	О	Ы	Т	П	П	Ы	Е	И	Л	Ж	Ц	Ж	У	Я	Щ
Е	К	Г	Ф	Ш	Ж	Ъ	Ы	Р	Д	Ж	Н	П	Ш	У	Ж
Т	Э	О	К	Р	Ц	В	Е	Т	Ы	И	Л	Ь	Ш	В	П
Е	Г	Д	Ж	Р	У	М	А	Х	С	Л	О	Б	Л	Ь	П
В	Б	Н	В	Ч	Ы	К	А	Ж	Т	Ш	С	Б	Ш	О	Щ
Ц	И	Ы	С	Ы	Я	Л	Т	Ю	Ъ	С	А	Д	К	Щ	Н
Ю	П	Й	Е	Л	У	Е	Ь	В	Д	И	Н	Ь	П	Б	М
И	К	О	Б	Л	Ш	Ф	О	Я	Ъ	К	Г	Е	Ъ	Л	А
М	Е	Р	Ч	В	П	Л	К	Ь	Ъ	Г	О	Б	Ь	Г	М

КРЫЛЬЯ
УЛЕЙ
ВЫГОДНЫЙ
ВОСК
ЕДА
РАЗНООБРАЗИЕ
ЭКОСИСТЕМА
ЦВЕТЫ
ЦВЕТЕНИЕ
ФРУКТ
ДЫМ
САД
НАСЕКОМОЕ
МЕД
РАСТЕНИЯ
ПЫЛЬЦА
КОРОЛЕВА
РОЙ
СОЛНЦЕ

56 - Strumenti Musicali

Ц	К	Г	Ж	С	Т	Щ	Ы	Щ	Ь	И	Ш	Х	Ш	Ш	Т
Х	Ь	А	Р	Ъ	Р	Б	У	В	С	Ю	Ц	Р	Ж	М	И
Ф	Ф	Р	Т	Ч	Г	Ч	Т	И	Т	У	Т	Ь	С	А	Г
В	Ч	М	Г	А	У	Ы	И	Щ	Е	Ч	О	Щ	Ы	Н	И
Ь	Я	О	С	Б	У	Ж	В	Г	Н	О	Г	А	М	Д	Т
О	И	Н	Т	У	А	Б	М	И	Р	А	М	Ц	П	О	А
Н	С	И	Ж	Р	Р	Н	А	Б	А	Р	А	Б	К	Л	Р
И	С	К	Ц	Т	О	Ы	Д	Ф	Л	Е	Й	Т	А	И	А
Н	У	А	Ю	О	Ф	М	Ъ	Ж	К	М	Г	П	Х	Н	Н
А	К	П	И	Р	К	С	Б	Н	О	Ф	О	С	К	А	С
И	Р	Ф	А	Г	О	Т	Щ	О	Ч	Г	О	Б	О	Й	Н
П	Е	Ф	Ц	С	Ь	Л	Е	Ч	Н	О	Л	О	И	В	Т
Ц	П	Щ	А	Л	Ч	Н	Ю	Ц	Е	Ш	Е	Г	Ю	М	Ц
Х	А	Л	Р	Ч	Т	В	Ь	Т	Б	Ч	Ю	Г	Н	И	Я
Х	Щ	Г	Щ	Е	И	Ф	Ф	М	У	Г	К	Ш	М	Р	Х
Р	И	Т	Ж	Ъ	Ш	Ж	М	К	Б	И	Б	Ю	И	Я	О

ГАРМОНИКА
АРФА
БАНДЖО
ГИТАРА
КЛАРНЕТ
ФАГОТ
ФЛЕЙТА
ГОНГ
МАНДОЛИНА
МАРИМБА
ГОБОЙ
ПЕРКУССИЯ
ПИАНИНО
САКСОФОН
БУБЕН
БАРАБАН
ТРУБА
ТРОМБОН
СКРИПКА
ВИОЛОНЧЕЛЬ

57 - Professioni #2

А	Ж	Х	Б	К	П	П	С	Г	О	У	Ф	Ж	С	З	Е
Ш	Ъ	Д	У	Ы	Ь	И	Щ	О	И	Ц	И	У	А	О	М
Ь	Е	С	Р	Т	Ц	П	Л	Л	Ж	Ж	Л	Р	Д	О	А
Л	И	Н	Г	В	И	С	Т	О	И	Ш	О	Н	О	Л	Т
Е	Щ	Л	О	А	У	А	Р	Т	Т	В	С	А	В	О	Х
Т	В	У	Л	Н	Л	М	Н	А	Б	Р	О	Л	Н	Г	Ю
А	Ю	Ж	О	О	Ь	Ь	Ы	М	С	А	Ф	И	И	Ъ	Ц
Т	Е	Г	И	Р	А	Ч	У	О	Ь	Ч	О	С	К	Ь	О
Е	Х	Р	Б	Т	А	Ы	Ч	Т	Ж	Ж	Д	Т	Ю	У	Ф
Р	С	У	Н	С	Я	И	И	С	С	В	И	Ъ	Ж	В	Б
Б	В	Р	Д	А	Р	О	Т	А	Р	Т	С	Ю	Л	Л	И
О	Ц	И	Б	О	Ы	Ч	Е	И	Н	Ж	Е	Н	Е	Р	Л
З	У	Х	Ц	Ю	Ж	В	Л	Ф	О	Т	О	Г	Р	А	Ф
И	Ф	К	О	Ц	И	Н	Ь	Н	Ц	Ц	И	Ы	Ъ	Ь	Ъ
Ь	Р	А	К	Е	Т	О	И	Л	Б	И	Б	Ч	Щ	Р	Ф
Ш	Ч	Б	А	Е	Р	Ы	Р	К	В	Ч	Ъ	Ю	Б	О	М

АСТРОНАВТ
БИБЛИОТЕКАРЬ
БИОЛОГ
ХИРУРГ
СТОМАТОЛОГ
ФИЛОСОФ
ФОТОГРАФ
САДОВНИК
ЖУРНАЛИСТ
ИЛЛЮСТРАТОР
ИНЖЕНЕР
УЧИТЕЛЬ
ИЗОБРЕТАТЕЛЬ
ЛИНГВИСТ
ВРАЧ
ПИЛОТ
ХУДОЖНИК
ЗООЛОГ

58 - Letteratura

Ь	Ь	Н	С	А	В	О	Я	Х	Г	О	Л	А	И	Д	Ц
П	И	Ш	Р	У	С	Ъ	Т	Ю	Г	Ь	Ч	Н	Ы	Ю	Ь
О	М	Х	А	Р	О	Ф	А	Т	Е	М	Я	А	Ц	Л	П
Э	З	Е	В	Ж	К	Х	У	Ш	О	К	Ь	Л	И	Т	С
Т	А	Ш	Н	А	М	О	Р	Ъ	А	Ч	Т	О	Ц	О	У
И	К	Н	Е	И	Н	Е	Н	М	Т	Ю	Ш	Г	Ю	Д	В
К	Л	Я	Н	Ц	Р	Б	У	В	Д	Е	Е	И	Н	К	Д
А	Ю	Х	И	Т	С	И	Ф	Г	И	Т	М	Я	Я	Е	А
Т	Ч	В	Е	Ф	У	Х	Ф	Я	Щ	Д	Т	А	Ц	Н	В
Р	Е	У	Ж	Н	А	А	В	М	Ъ	А	И	М	И	А	Т
А	Н	Т	Ч	П	Б	Р	А	Ж	А	П	Р	Е	В	У	О
Г	И	В	А	О	Г	Н	Г	А	Н	А	Л	И	З	Ц	Р
Е	Е	И	Н	А	С	И	П	О	М	Ж	Ж	И	Ж	Ъ	Т
Д	Ъ	Ш	К	Щ	Х	И	О	Ъ	И	Д	А	Ц	Ф	Ц	Ш
И	Ы	Д	А	Ц	Ф	К	У	И	Ь	Б	Н	К	Я	Г	К
Я	Ъ	Ю	К	Ь	Я	Р	Г	Ъ	Ч	Ш	Р	С	Ц	Е	Щ

АНАЛИЗ
АНАЛОГИЯ
АНЕКДОТ
АВТОР
БИОГРАФИЯ
ЗАКЛЮЧЕНИЕ
СРАВНЕНИЕ
ОПИСАНИЕ
ДИАЛОГ
ЖАНР
МЕТАФОРА
МНЕНИЕ
СТИХ
ПОЭТИКА
РИФМА
РИТМ
РОМАН
СТИЛЬ
ТЕМА
ТРАГЕДИЯ

59 - Cibo #2

Е	П	Н	А	О	Ч	С	Д	Д	Л	Д	О	Ъ	Ю	В	Х
С	Е	Л	Ь	Д	Е	Р	Е	Й	Б	О	Е	О	П	Е	Р
Е	Р	М	С	Г	Т	Б	Я	Ю	Ь	К	У	Д	Ю	Т	Г
Ф	Б	Ы	О	М	К	Х	Ы	Ч	Х	Я	П	Ф	Б	Ч	К
П	О	М	И	Д	О	Р	Ж	Н	С	Н	Ж	Ъ	Ч	И	Ф
Н	Х	Х	Х	Л	Е	Б	В	Б	Ю	Ы	Т	Щ	Ш	Н	К
Д	А	Ъ	Ъ	С	Ж	Ы	Г	Д	А	О	Р	Е	Ь	А	У
А	О	Ю	Г	Р	П	Ш	Х	Г	Ц	К	Г	Р	И	Б	Р
Р	Б	Р	О	К	К	О	Л	И	И	О	Л	Н	Ц	М	И
Г	Я	Ы	А	Ь	Ю	Ц	Ъ	В	Н	Л	И	А	Ж	Г	Ц
О	В	И	Р	Р	И	С	В	И	Е	Б	Й	Н	Ж	Б	А
Н	Ш	О	К	О	Л	А	Д	К	Ш	Я	О	А	Ь	А	Я
И	О	Ц	Я	И	Р	Ж	Ш	М	П	Н	Г	Б	Ь	Ы	Н
В	У	Й	Ъ	М	Ш	П	Я	Ч	Г	Р	У	Ы	Ы	Д	Ш
Х	Я	Я	Ш	Ж	Ь	Б	Р	М	Х	Ц	Р	О	С	О	И
С	С	О	Б	Ф	Д	Ч	К	Ы	Ь	Ы	Т	Б	У	И	В

БАНАН
БРОККОЛИ
ВИШНЯ
ШОКОЛАД
СЫР
ГРИБ
ПШЕНИЦА
КИВИ
ЯБЛОКО
БАКЛАЖАН
ХЛЕБ
РЫБА
КУРИЦА
ПОМИДОР
ВЕТЧИНА
РИС
СЕЛЬДЕРЕЙ
ЯЙЦО
ВИНОГРАД
ЙОГУРТ

60 - Nutrizione

Г	Ф	Ь	Р	Г	Т	Н	Е	И	Р	Т	У	Н	Ы	К	О
О	Й	Ы	Н	Б	О	Д	Е	Ъ	С	Л	Ю	Ю	Я	Ч	Е
Р	В	Е	К	Н	К	Е	Т	А	Р	Х	Ь	Е	А	И	Я
Ь	У	К	Х	А	С	У	О	С	М	Г	М	Ю	О	Г	Ъ
К	Г	С	У	А	И	Е	Ь	В	О	Р	О	Д	З	Ц	П
И	Л	П	В	С	Н	Ы	В	Б	Я	Ф	О	И	М	Е	О
Й	Е	Е	Ц	Ц	Ф	Е	Р	М	Е	Н	Т	А	Ц	И	Я
Ю	В	Ц	Б	Р	Ь	Е	Н	В	Т	Е	Д	Р	К	Н	Ц
У	О	И	Х	И	Ц	Л	Ы	Ы	Е	Ф	В	Н	А	Е	Б
И	Д	И	Ю	Ч	Ж	И	Д	К	О	С	Т	И	Ч	Р	Ш
М	Ы	Ж	Е	Я	Ж	Ь	И	Щ	Г	Ф	Ф	М	Е	А	У
З	Д	О	Р	О	В	Ы	Й	Р	Н	О	К	А	С	В	М
Б	Е	Л	К	И	А	П	Л	Д	О	Ч	С	Т	Т	Е	И
Ш	С	У	В	А	У	Н	Ъ	Я	О	Л	Л	И	В	Щ	А
С	К	Ъ	А	П	П	Е	Т	И	Т	Щ	А	В	О	И	Ш
Д	И	Е	Т	А	М	Ж	С	Ц	Ш	П	М	К	М	П	У

ГОРЬКИЙ
АППЕТИТ
КАЛОРИИ
УГЛЕВОДЫ
СЪЕДОБНЫЙ
ДИЕТА
ПИЩЕВАРЕНИЕ
ФЕРМЕНТАЦИЯ
ВКУС
ЖИДКОСТИ
НУТРИЕНТ
ВЕС
БЕЛКИ
КАЧЕСТВО
СОУС
ЗДОРОВЬЕ
ЗДОРОВЫЙ
СПЕЦИИ
ТОКСИН
ВИТАМИН

61 - Matematica

Ф	Р	А	К	Ц	И	Я	У	Б	Ы	В	О	Г	Ь	Б	Ж
Д	Ч	Я	Н	Ц	С	Щ	Р	П	Л	Ц	Ы	А	Т	Ы	В
Е	Е	Л	И	Ш	У	О	А	К	Е	Ж	Е	Ь	Ф	Ч	М
К	Ч	Л	О	Р	М	Б	В	М	У	Р	Г	Х	Ф	Ъ	О
Ь	Д	К	Е	Н	М	Ъ	Н	Т	Я	Х	И	Е	Ф	Н	Я
Д	Г	И	Ь	Н	А	Е	Е	Г	Л	Ъ	Щ	М	Б	Л	И
А	Е	Ъ	Д	У	И	М	Н	Ч	В	Ш	Ы	Ь	Е	Ф	Д
Щ	М	С	У	В	Х	Е	И	Л	Я	Г	Ь	У	Г	Т	С
О	Л	У	Я	И	Р	Т	Е	М	М	И	С	Д	Е	Б	Р
Л	О	И	Ч	Т	Н	Е	Н	О	П	С	К	Э	О	И	Т
П	Е	Д	А	К	И	Т	Е	М	Ф	И	Р	А	М	Я	Е
Н	Х	А	А	Т	Ш	Ч	Ц	С	Ъ	Ы	М	И	Е	М	М
Л	Ч	Р	Ъ	Ь	У	Ш	Н	У	П	С	Я	Р	Т	У	А
П	О	Л	И	Г	О	Н	Ю	Ы	Л	Г	У	Ф	Р	С	И
П	А	Р	А	Л	Л	Е	Л	Ь	Й	Ъ	П	Г	И	Д	Д
П	Р	Я	М	О	У	Г	О	Л	Ь	Н	И	К	Я	О	Б

УГЛЫ
АРИФМЕТИКА
ДЕСЯТИЧНЫЙ
ДИАМЕТР
ДЕЛЕНИЕ
УРАВНЕНИЕ
ЭКСПОНЕНТ
ФРАКЦИЯ
ГЕОМЕТРИЯ
ПАРАЛЛЕЛЬ
ПЕРИМЕТР
ПОЛИГОН
ПЛОЩАДЬ
РАДИУС
ПРЯМОУГОЛЬНИК
СИММЕТРИЯ
СУММА
ОБЪЕМ

62 - Meditazione

Ч	Ю	Щ	П	П	Р	Э	Ш	Щ	О	Ц	Ц	Н	Г	Ь	С
Н	Г	Ч	Н	Р	Ш	Е	М	Я	Я	И	Л	Р	Н	Я	П
А	Д	О	Р	И	Р	П	У	О	Ш	П	К	Х	С	М	О
Б	М	П	Д	Н	Ц	Х	Л	Я	Ц	Д	Д	Ц	Ъ	П	К
Л	И	Р	Ы	Я	Г	Х	Щ	Ч	Я	И	Л	С	Ы	М	О
Ю	Р	Е	Х	Т	К	Ш	Л	У	Ъ	С	И	П	Ц	Г	Й
Д	Ш	П	А	И	У	С	Ф	К	Ы	Г	Н	С	Н	Ж	Н
Е	Ч	И	Н	Е	П	К	Х	Ь	Ш	Г	Я	О	Ш	Ю	Ы
Н	И	Ш	И	У	О	О	Ь	Б	Е	Б	Б	Р	С	М	Й
И	Д	Н	Е	Д	З	Д	В	И	Ж	Е	Н	И	Е	Т	К
Е	И	Ш	А	С	А	Т	О	Р	Б	О	Д	Ш	У	В	Ь
Х	Е	Л	Ц	М	У	М	С	Т	В	Е	Н	Н	Ы	Й	Т
Ъ	Б	Д	Ю	Е	И	Н	А	Д	А	Р	Т	С	О	С	Щ
Е	А	Ь	Т	С	О	Н	Р	А	Д	О	Г	А	Л	Б	С
М	У	З	Ы	К	А	Ч	В	Р	Д	Б	Г	Т	Н	О	Щ
П	Е	Р	С	П	Е	К	Т	И	В	А	Н	И	Ш	И	Т

ПРИНЯТИЕ
ВНИМАНИЕ
СПОКОЙНЫЙ
ЯСНОСТЬ
СОСТРАДАНИЕ
ЭМОЦИИ
ДОБРОТА
БЛАГОДАРНОСТЬ
УМСТВЕННЫЙ
УМ
ДВИЖЕНИЕ
МУЗЫКА
ПРИРОДА
НАБЛЮДЕНИЕ
МИР
МЫСЛИ
ПОЗА
ПЕРСПЕКТИВА
ДЫХАНИЕ
ТИШИНА

63 - Elettricità

П	Б	Ю	Л	Щ	Ы	Ы	Т	Ю	Ю	Ъ	Ц	Л	С	М	Г
О	Э	А	У	А	Л	А	М	П	О	Ч	К	А	Р	А	Е
Л	Л	Д	Т	Н	З	Ю	Ы	Р	Щ	Я	Ш	П	А	Г	Н
О	Е	О	К	А	Б	Е	Н	О	Л	Д	Ш	М	З	Н	Е
Ж	К	В	Ф	Ы	Р	Ъ	Р	Ф	Т	П	О	А	Ъ	И	Р
И	Т	О	В	Т	С	Е	Ч	И	Л	О	К	Л	Е	Т	А
Т	Р	Р	Ж	Г	Я	Ы	Я	Ы	Я	Ж	Х	С	М	Я	Т
Е	И	П	К	А	Б	Е	Л	Ь	Щ	Р	Ь	Ш	Ь	Ж	О
Л	К	Ч	С	Т	Е	Л	Е	В	И	Д	Е	Н	И	Е	Р
Ь	Е	Л	Е	И	Н	А	В	О	Д	У	Р	О	Б	О	О
Н	Н	Г	Т	Ю	О	Ш	В	Г	Ц	И	Я	С	Д	У	Б
Ы	Е	Ч	Ь	А	Ф	П	Г	А	Щ	К	Д	Ч	Ц	М	Ъ
Й	Ы	Н	Ь	Л	Е	Т	А	Ц	И	Р	Т	О	Т	К	Е
Ы	Ф	Ъ	Б	Ж	Л	Т	Х	Ъ	Ь	Х	Ч	Х	П	Т	К
Е	Й	И	К	С	Е	Ч	И	Р	Т	К	Е	Л	Э	Б	Т
У	Г	О	К	Ю	Т	Б	В	С	У	С	Ю	У	Т	К	Ы

ОБОРУДОВАНИЕ
БАТАРЕЯ
КАБЕЛЬ
ЭЛЕКТРИК
ЭЛЕКТРИЧЕСКИЙ
ПРОВОДА
ГЕНЕРАТОР
ЛАМПА
ЛАМПОЧКА
ЛАЗЕР
МАГНИТ
ОТРИЦАТЕЛЬНЫЙ
ОБЪЕКТЫ
ПОЛОЖИТЕЛЬНЫЙ
РАЗЪЕМ
КОЛИЧЕСТВО
СЕТЬ
ТЕЛЕФОН
ТЕЛЕВИДЕНИЕ

64 - Antiquariato

Г	Ъ	У	К	У	Д	Б	Х	Н	Е	Х	Ш	Л	Х	И	С
Щ	А	Р	О	Т	К	Е	Л	Л	О	К	Ь	Г	Ц	С	К
О	Н	Л	Т	О	Ь	Т	С	О	Н	Н	Е	Ц	Х	К	У
Щ	Е	Ь	Е	В	Е	К	Ц	Я	Ы	У	Д	Щ	Й	У	Л
С	Ц	Ь	Д	Р	О	Ч	М	А	Т	Ц	Ж	Ф	Ы	С	Ь
О	В	Ы	И	Ж	Е	Ч	Ъ	У	Е	И	Ь	П	Н	С	П
С	Р	Ц	А	О	Ь	Я	Е	К	Н	С	Л	С	Ч	Т	Т
Т	И	Ж	В	М	Н	Х	Я	Ц	О	Т	Е	Е	И	В	У
О	В	Т	С	Е	Ч	А	К	И	М	И	Б	Х	Т	О	Р
Я	Л	Ы	Ш	В	Ц	Н	Ж	О	Ю	Л	Е	К	Н	И	А
Н	Ы	Ъ	Я	А	Ч	Т	И	Н	Н	Ь	М	С	Е	П	Я
И	И	Ц	И	Т	С	Е	В	Н	И	И	Б	Е	Т	Г	Ф
Е	Д	Е	К	О	Р	А	Т	И	В	Н	Ы	Й	У	Ю	Ю
Ы	Г	Н	Е	О	Б	Ы	Ч	Н	Ы	Й	Ы	Р	А	Т	С
Н	Д	Э	Л	Е	Г	А	Н	Т	Н	Ы	Й	К	Д	Х	Ч
И	Ф	Т	Ь	П	Ь	У	Б	Ь	Б	Н	Щ	Х	Ц	В	Н

ИСКУССТВО
АУКЦИОН
АУТЕНТИЧНЫЙ
КОЛЛЕКТОР
СОСТОЯНИЕ
ДЕСЯТИЛЕТИЯ
ДЕКОРАТИВНЫЙ
ЭЛЕГАНТНЫЙ
ГАЛЕРЕЯ
НЕОБЫЧНЫЙ

ИНВЕСТИЦИИ
МЕБЕЛЬ
МОНЕТЫ
ЦЕНА
КАЧЕСТВО
СКУЛЬПТУРА
ВЕК
СТИЛЬ
ЦЕННОСТЬ
СТАРЫЙ

65 - Escursionismo

У	А	П	Ч	У	Ч	Т	К	П	П	Ъ	Ш	Ш	М	Щ	Г
Б	Д	Ы	А	Д	О	В	Л	О	О	Щ	Р	Р	Щ	Я	Х
Е	О	В	Ы	Р	Ъ	Я	И	Г	Д	К	Ы	Т	Л	П	Ы
П	Р	Т	Ь	Ц	К	Ъ	М	О	Г	А	Т	Р	А	К	С
С	И	П	И	Ю	Д	И	А	Д	О	М	Ж	О	Д	Ч	А
Г	Р	У	А	Н	Ъ	С	Т	А	Т	Н	С	П	И	В	М
Л	П	Б	Ч	Л	К	Ъ	Я	Л	О	И	Ч	А	К	Ф	М
Ц	Л	У	Х	Л	У	И	И	Щ	В	Ы	Я	С	И	К	И
Т	Я	Ж	Е	Л	Ы	Й	Ц	Л	К	Г	П	Н	Й	А	Т
У	С	Ц	Ы	Р	Л	Ь	А	С	А	Н	С	О	Ь	Г	Ы
В	С	Х	Ю	Е	Ы	Н	Т	О	В	И	Ж	С	Щ	О	Р
А	Г	Т	И	Ц	Е	В	Н	Т	Ш	П	Н	Т	Л	Р	Н
В	Т	Р	А	Н	Л	П	Е	В	Л	М	Ч	И	Ь	А	Ф
Я	О	Ы	Ф	Л	Щ	Ы	И	Ц	П	Е	Ц	Я	Ъ	Н	Ж
И	Я	Б	Ч	О	Ы	Я	Р	У	П	К	Ы	К	Г	К	Г
У	Т	Е	С	С	Я	Й	О	Х	Л	Х	Ю	Р	Ю	У	Т

ВОДА
ЖИВОТНЫЕ
КЕМПИНГ
КЛИМАТ
КАРТА
ПОГОДА
ГОРА
ПРИРОДА
ОРИЕНТАЦИЯ
ПАРКИ
ОПАСНОСТИ
ТЯЖЕЛЫЙ
КАМНИ
ПОДГОТОВКА
УТЕС
ДИКИЙ
СОЛНЦЕ
УСТАЛЫЙ
БОТИНКИ
САММИТ

66 - Professioni #1

С	Ш	Ь	П	Ъ	Ж	М	П	К	Ъ	Ю	Р	Щ	И	Б	В
Г	Е	О	Л	О	Г	Е	И	А	Х	Т	Е	Ъ	Д	В	О
У	М	П	Ч	Ъ	М	Д	А	Р	Е	Р	Д	К	Щ	Л	Д
В	Ч	В	И	О	С	С	Н	Т	Х	Е	А	Я	Х	Ч	О
Ч	Ь	Е	Ъ	Ф	У	Е	И	О	Ъ	Н	К	Ь	Л	К	П
Щ	Ж	О	Н	А	Л	С	С	Г	Б	Е	Т	С	Ш	Ш	Р
Т	Ч	Е	К	Ы	Ш	Т	Т	Р	А	Р	О	А	Ъ	П	О
У	Д	Ш	К	С	Й	Р	П	А	Н	О	Р	Д	М	С	В
Х	У	Ы	И	Ь	М	А	Ф	Ф	К	Ц	Ч	В	У	И	О
Т	У	Ф	Н	П	О	С	О	Л	И	Н	В	О	З	Х	Д
Р	Б	Д	Т	В	Е	Ц	А	М	Р	А	Ф	К	Ы	О	Ч
М	О	Н	О	Р	Т	С	А	Ч	И	Т	Ж	А	К	Л	И
Ь	У	П	Х	Ж	Л	Ч	Ь	Р	Л	Т	Ц	Т	А	О	К
Ц	В	Н	О	Ш	Н	Ц	Л	Н	Е	О	Ж	Е	Н	Г	Ш
Х	И	Ш	Х	Г	И	И	Ы	Е	В	Г	Д	Ь	Т	А	Д
О	Т	Ъ	Ы	Ц	Л	Р	К	Х	Ю	О	Л	Е	Р	Л	Л

ТРЕНЕР
ПОСОЛ
ХУДОЖНИК
АСТРОНОМ
АДВОКАТ
ТАНЦОР
БАНКИР
ОХОТНИК
КАРТОГРАФ
РЕДАКТОР

ФАРМАЦЕВТ
ГЕОЛОГ
ЮВЕЛИР
ВОДОПРОВОДЧИК
МЕДСЕСТРА
МУЗЫКАНТ
ПИАНИСТ
ПСИХОЛОГ
УЧЕНЫЙ

67 - Antartide

И	С	М	И	Н	Е	Р	А	Л	Ы	Д	Р	П	М	С	Л
З	С	К	Е	А	Ы	Ъ	К	И	Т	Ы	П	А	И	О	В
Ъ	А	С	А	Т	Н	Е	Н	И	Т	Н	О	К	Г	Х	Ц
Ф	Р	Л	Л	Л	Я	Г	Ю	К	Я	О	Л	А	Р	Р	Л
Г	Я	И	И	Е	И	Р	О	Ю	Ю	С	У	Л	А	А	Л
Я	Ж	Б	Ч	В	Д	С	Ф	Ъ	Ф	Т	О	Б	Ц	Н	Е
В	О	Д	А	Ж	Ц	О	Т	У	У	Р	С	О	И	Е	Д
У	С	Л	Ц	Л	Х	О	В	Ы	С	О	Т	Ю	Я	Н	Л
Д	Б	Р	Ъ	П	О	Ц	Ш	А	Й	В	Р	Ы	Д	И	Л
Г	Е	О	Г	Р	А	Ф	И	Я	Н	А	О	Н	Л	Е	И
Н	А	У	Ч	Н	Ы	Й	Х	М	Х	И	В	Л	Ы	Ъ	Ш
А	Ш	Ь	Ы	Ж	А	Р	У	Т	А	Р	Е	П	М	Е	Т
И	С	С	Л	Е	Д	О	В	А	Т	Е	Л	Ь	Д	Ч	Щ
Э	К	С	П	Е	Д	И	Ц	И	Я	Б	О	Щ	Ъ	У	Е
Ь	Я	Ю	Л	Е	Д	Н	И	К	И	И	Ш	О	Т	Ъ	У
Ц	А	Л	У	Ж	Х	Т	О	П	О	Г	Р	А	Ф	И	Я

ВОДА
ЗАЛИВ
КИТЫ
СОХРАНЕНИЕ
КОНТИНЕНТ
ИССЛЕДОВАНИЕ
ГЕОГРАФИЯ
ЛЕДНИКИ
ЛЕД
ОСТРОВА
МИГРАЦИЯ
МИНЕРАЛЫ
ОБЛАКА
ПОЛУОСТРОВ
ИССЛЕДОВАТЕЛЬ
СКАЛИСТЫЙ
НАУЧНЫЙ
ЭКСПЕДИЦИЯ
ТЕМПЕРАТУРА
ТОПОГРАФИЯ

68 - Libri

Т	С	С	Н	Ю	Х	В	И	Н	К	Б	Ж	Ч	А	Х	И
Щ	Е	И	Н	Е	Ж	У	Р	Г	О	П	Й	Ь	О	А	С
М	Н	Ы	Е	И	Н	Е	Ч	Ю	Л	К	И	Р	П	Р	Т
У	Р	В	Х	Е	Д	А	В	О	Л	С	К	Д	Ц	А	О
О	У	Р	О	Т	В	А	Ч	О	Е	Р	С	С	Й	К	Р
Р	О	Н	А	С	И	П	А	Н	К	Б	Е	Ъ	Ы	Т	И
Й	Ы	Н	Т	С	Е	М	У	Щ	Ц	Б	Ч	К	Н	Е	Ч
И	Е	Ч	Ф	Ы	С	Б	Ы	В	И	Ч	И	Ц	Р	Р	Е
К	Ш	Т	И	П	Я	К	Ш	А	Я	Ъ	Г	Х	У	И	С
С	А	О	Р	Т	Н	Ю	А	Ц	И	Н	А	Р	Т	С	К
Е	Ь	И	В	О	А	М	П	З	О	Ц	Р	Ъ	А	С	И
Ч	Ь	С	У	Ч	М	Т	Р	Ч	Ч	Щ	Т	Е	Р	Ь	Й
И	М	Л	И	Ч	Т	А	Е	К	Х	И	И	Р	Е	С	Р
П	Д	К	У	Ь	А	В	Н	Л	И	И	К	Ч	Т	И	Ю
Э	К	О	Н	Т	Е	К	С	Т	Ь	О	Ь	И	И	С	Ы
И	С	Т	О	Р	И	Я	И	З	Э	О	П	И	Л	Ю	Я

АВТОР
ПРИКЛЮЧЕНИЕ
ХАРАКТЕР
КОЛЛЕКЦИЯ
КОНТЕКСТ
ЭПИЧЕСКИЙ
ПОГРУЖЕНИЕ
ЛИТЕРАТУРНЫЙ
ЧИТАТЕЛЬ
РАССКАЗЧИК
СТРАНИЦА
СЛОВА
ПОЭЗИЯ
УМЕСТНЫЙ
РОМАН
НАПИСАНО
СЕРИИ
ИСТОРИЯ
ИСТОРИЧЕСКИЙ
ТРАГИЧЕСКИЙ

69 - Geografia

К	К	Г	В	Т	Г	И	Ы	Ь	Ж	Ъ	Ф	В	Б	Ь	А
С	Т	Р	А	Н	А	Р	Е	З	Д	А	Е	Ф	Ш	Ь	Ж
А	Н	Н	Е	Р	В	Е	Ц	О	А	Т	О	С	Ы	В	Н
Л	Е	Ш	М	В	М	К	В	Я	Я	П	Н	Я	Ы	Ш	Ч
Т	Н	Т	Е	В	Е	А	Ь	Г	Д	Ф	А	Ш	Д	Б	В
А	И	А	Р	Е	Ф	С	У	Л	О	П	Ц	Д	А	Ю	Ц
Ш	Т	Ы	И	Т	Б	Г	Ы	М	К	А	Р	Т	А	Ж	Ч
М	Н	Д	Д	Ъ	Г	Т	Б	И	О	Ь	Ц	Ц	Ъ	И	Г
К	О	О	И	Б	О	Щ	Ь	Р	Р	С	Ш	Ю	Х	П	Ж
Б	К	Л	А	Ю	Р	Ц	Б	Ь	Г	Я	Т	Г	М	Г	Я
И	Л	Г	Н	Я	А	Е	О	К	Н	М	М	Р	Б	Т	Г
В	О	О	Т	Ь	Т	О	М	Б	Р	Я	П	Ч	О	Е	Ж
Ь	Ъ	Т	Х	К	О	Ю	О	Ь	Я	Ь	Я	Ч	Ъ	В	С
Н	Ц	А	Ш	Ч	Р	С	Р	М	И	У	Г	О	Р	О	Д
В	Ь	Н	Н	О	И	Г	Е	Р	К	А	Д	Ь	И	Ф	М
Ш	Ц	Я	С	Ч	Ш	Т	Е	Р	Р	И	Т	О	Р	И	Я

ВЫСОТА
АТЛАС
ГОРОД
КОНТИНЕНТ
ПОЛУСФЕРА
РЕКА
ОСТРОВ
ШИРОТА
ДОЛГОТА
КАРТА
МОРЕ
МЕРИДИАН
МИР
ГОРА
СЕВЕР
ЗАПАД
СТРАНА
РЕГИОН
ЮГ
ТЕРРИТОРИЯ

70 - Cibo #1

М	У	Е	Ш	Р	Ъ	О	Ы	К	А	П	Ц	Ю	М	К	С
О	П	Г	Ж	А	Ч	Т	А	И	Д	Ч	Ж	Ю	С	С	Г
Л	Ш	Б	А	Н	Р	Ч	Б	Ю	Т	Ц	Ф	Н	Р	Ю	Ш
О	Щ	Х	Щ	М	М	Д	В	У	Ж	Ч	Н	Б	В	Б	Ь
К	К	К	Е	К	О	Н	С	Е	Ч	Д	Ш	Ю	И	Т	Х
О	П	Х	Р	Л	Т	У	Н	Е	Ц	В	Л	И	М	О	Н
Ю	Е	Ч	Щ	У	Б	А	З	И	Л	И	К	А	С	С	Щ
С	О	Л	Ь	Б	Д	Ц	Ъ	Ю	Т	А	Л	А	С	Я	Щ
Г	Д	Ю	Н	Н	В	И	М	С	О	О	Щ	С	Ю	М	Н
А	Ь	Р	Е	И	Н	Р	А	Х	А	С	Р	Ж	А	Б	Л
Щ	Ц	А	М	К	М	О	Р	К	О	В	Ь	Т	Д	Ж	Х
Д	С	Т	Ч	А	П	К	Ш	У	Л	К	П	А	П	Е	Р
Т	Ц	В	Я	Д	Ш	Х	Х	Л	Г	Л	Ф	Н	Н	У	Ш
М	Я	Т	А	Р	Ш	У	И	С	А	И	М	И	Ф	Щ	М
Ъ	Д	Т	Ч	М	Д	Т	Р	Р	С	О	К	П	Ц	У	Ч
Т	Е	Щ	Р	Х	У	Ф	В	Г	Ж	У	О	Ш	О	Я	О

ЧЕСНОК
БАЗИЛИК
КОРИЦА
МЯСО
МОРКОВЬ
ЛУК
КЛУБНИКА
САЛАТ
МОЛОКО
ЛИМОН
МЯТА
ЯЧМЕНЬ
ГРУША
РЕПА
СОЛЬ
ШПИНАТ
СОК
ТУНЕЦ
ТОРТ
САХАР

71 - Aeroplani

Г	Л	Д	Ш	В	Х	Ч	Ь	Т	А	В	У	Д	А	Н	Д
Ш	В	Ч	В	А	О	Б	Е	Н	Н	О	С	Т	Т	Ю	Т
Ц	Ф	Т	Д	И	П	З	Л	Ж	Е	З	П	О	М	О	Ш
П	И	Л	О	Т	Г	А	Д	Щ	Ж	Д	У	П	О	И	Ы
Д	И	З	А	Й	Н	А	С	У	Ы	У	С	Л	С	С	Р
Э	К	И	П	А	Ж	Ц	Т	С	Ш	Х	К	И	Ф	Т	Е
Е	Ж	Н	Д	И	А	Ж	Б	Е	А	Н	К	В	Е	О	Л
Ы	М	Ф	А	Д	Е	К	Е	Ш	Л	Ж	Ы	О	Р	Р	Л
Л	Ф	Г	К	И	И	Ф	Ъ	А	Ь	Ь	И	Й	А	И	Е
Ф	Д	У	Ь	Ю	Ь	К	Ъ	Ч	Г	Ч	Е	Р	Ш	Я	П
П	О	С	А	Д	К	А	Ш	Я	А	О	О	Х	Ь	А	О
В	Р	С	Т	Р	О	И	Т	Е	Л	Ь	С	Т	В	О	Р
Ж	О	Н	А	П	Р	А	В	Л	Е	Н	И	Е	Ъ	Щ	П
В	Д	Н	В	Х	Т	Ш	П	Х	В	Ы	С	О	Т	А	Л
И	О	Д	Б	Ж	П	Р	И	К	Л	Ю	Ч	Е	Н	И	Е
Ы	В	П	Г	Б	Ь	Е	Ь	Ф	Л	Б	И	У	Щ	Я	Ь

ВЫСОТА
ВОЗДУХ
АТМОСФЕРА
ПОСАДКА
ПРИКЛЮЧЕНИЕ
ТОПЛИВО
НЕБО
СТРОИТЕЛЬСТВО
ДИЗАЙН
НАПРАВЛЕНИЕ
СПУСК
ПРОПЕЛЛЕРЫ
ЭКИПАЖ
НАДУВАТЬ
ВОДОРОД
ДВИГАТЕЛЬ
ВОЗДУШНЫЙ ШАР
ПАССАЖИР
ПИЛОТ
ИСТОРИЯ

72 - Governo

Н	С	Я	Б	П	О	Б	С	У	Ж	Д	Е	Н	И	Е	Я
О	А	В	И	Ъ	О	В	Т	С	Н	А	Д	Ж	А	Р	Г
К	Х	Ц	О	Ф	А	Л	П	Л	Т	Ъ	О	Д	Л	М	В
А	Д	Н	И	Б	П	К	И	Н	Т	Я	М	А	П	Х	Л
З	Г	М	Х	О	О	Ч	Ь	Т	Я	Г	Р	А	Й	О	Н
Ч	В	Щ	Х	Б	Н	Д	Ч	Ц	И	Ж	Х	С	И	Г	К
Д	Щ	О	В	Ю	Б	А	А	Л	Ц	К	Р	У	К	О	О
Н	М	Я	Д	Щ	У	У	Л	Д	А	Щ	А	Д	С	С	Н
Р	Е	Ч	Ь	Ъ	Ю	Л	Ш	Ь	Н	В	Я	Е	Н	У	С
Ы	П	Б	У	Н	М	К	П	И	Н	М	Ц	Б	А	Д	Т
С	И	М	В	О	Л	Б	Я	Щ	У	Ы	Ф	Н	Д	А	И
А	К	Ф	П	Р	А	В	А	Ц	А	Я	Й	Ы	Ж	Р	Т
И	Ю	Щ	Ь	Е	Х	Ш	Ю	Б	Б	Я	М	Й	А	С	У
Ф	В	С	С	Д	Ю	Ю	Ь	Ч	Ъ	Б	В	П	Р	Т	Ц
Я	В	Е	Я	И	Т	А	Р	К	О	М	Е	Д	Г	В	И
Ь	Т	И	Ф	Л	Ф	Я	Ц	А	Щ	Ш	Ж	Е	Ц	О	Я

ЛИДЕР
ГРАЖДАНСТВО
ГРАЖДАНСКИЙ
КОНСТИТУЦИЯ
ДЕМОКРАТИЯ
ПРАВА
РЕЧЬ
ОБСУЖДЕНИЕ
СУДЕБНЫЙ
ЗАКОН
СВОБОДА
ПАМЯТНИК
НАЦИОНАЛЬНЫЙ
НАЦИЯ
ПОЛИТИКА
РАЙОН
СИМВОЛ
ГОСУДАРСТВО

73 - Bellezza

Ъ	А	Ч	Ю	Г	Б	Б	И	Е	Э	Ь	П	Х	Ш	И	В
И	Х	Е	Н	Е	Ш	Р	Е	Ц	Л	К	Л	Я	Ъ	П	К
Б	К	Й	Щ	Л	Я	И	В	О	Е	О	Ч	Н	Ю	Д	Щ
Д	Т	Ы	Ц	И	Н	Ж	О	Н	Г	С	Щ	Е	Л	Ю	Х
Б	Ь	Н	У	П	М	А	Ш	Т	А	М	О	Р	А	Щ	Н
Г	А	Т	Ш	Й	Ы	Н	Ч	И	Н	Е	Г	О	Т	О	Ф
Ш	Л	Н	И	Г	К	Х	М	Б	Т	Т	О	Т	И	У	О
К	П	А	Ч	Г	Б	Ы	Ъ	Д	Н	И	Ь	Ч	Ы	С	Ч
У	О	Г	Д	М	А	С	Л	А	О	К	Ф	К	Т	Л	А
Д	М	Е	Д	К	У	Р	Ю	Б	С	А	Ж	О	К	У	Р
Р	А	Л	Я	Щ	И	Я	Ы	Я	Т	Ш	В	Л	У	Г	О
И	Д	Э	Я	И	И	Й	П	И	Ь	Д	Ь	А	Д	И	В
Ю	А	Т	Ф	О	Х	Ф	Ы	Ц	О	Г	И	К	О	Р	А
Ю	У	И	Я	П	З	А	П	А	Х	Ь	Ш	Р	Р	Щ	Н
Ч	Р	Ц	В	Е	Т	Ш	В	Р	И	Ц	Б	Е	П	И	И
С	Т	И	Л	И	С	Т	У	Г	Х	Д	Ь	З	Н	Ъ	Е

ЦВЕТ
КОСМЕТИКА
ЭЛЕГАНТНЫЙ
ЭЛЕГАНТНОСТЬ
ОЧАРОВАНИЕ
НОЖНИЦЫ
ФОТОГЕНИЧНЫЙ
АРОМАТ
ГРАЦИЯ
ГЛАДКИЙ
МАСЛА
КОЖА
ПРОДУКТЫ
ЗАПАХ
КУДРИ
ПОМАДА
УСЛУГИ
ШАМПУНЬ
ЗЕРКАЛО
СТИЛИСТ

74 - Avventura

Б	Е	З	О	П	А	С	Н	О	С	Т	Ь	И	М	Н	П
Ч	И	В	Б	Д	Я	Д	Ц	Ь	Ч	Ш	Я	Ь	З	С	О
Ъ	А	Ь	Ъ	Р	Ш	Ы	Т	Т	И	Т	Б	Т	А	М	Д
Н	Х	Т	С	У	Ф	Э	К	С	К	У	Р	С	И	Я	Г
Х	Е	С	О	З	Ц	О	В	О	К	Р	Д	О	З	В	О
М	О	О	И	Ь	Ю	А	Р	Н	Н	Ш	Е	Р	У	О	Т
М	Ф	Д	Б	Я	Д	Ъ	О	Д	А	Р	Я	Б	Т	З	О
А	Ж	А	Л	Ы	Я	Ь	Е	У	В	А	Т	А	Н	М	В
Ъ	Е	Р	Г	Е	Ч	Я	Л	Р	И	М	Е	Р	Э	О	К
Г	Е	И	Ц	Ы	Ч	Н	П	Т	Г	А	Л	Х	У	Ж	А
О	П	А	С	Н	Ы	Й	Ы	Ю	А	Ц	Ь	М	Ф	Н	Д
П	Р	О	Б	Л	Е	М	Ы	Й	Ц	Ч	Н	Е	Ъ	О	О
К	Р	А	С	О	Т	А	И	Ы	И	К	О	Х	Т	С	Р
И	П	Ф	Щ	Т	У	Ц	Н	В	Я	Ы	С	Ь	Ь	Т	И
О	О	Т	Ъ	Ф	Е	Ъ	Х	О	Щ	Б	Т	Г	А	Ь	Р
Ы	О	Х	О	К	Ъ	Ш	А	Н	С	Ъ	Ь	Б	Т	С	П

ДРУЗЬЯ
ДЕЯТЕЛЬНОСТЬ
КРАСОТА
ШАНС
ХРАБРОСТЬ
ТРУДНОСТЬ
ЭНТУЗИАЗМ
ЭКСКУРСИЯ
РАДОСТЬ
НЕОБЫЧНЫЙ
МАРШРУТ
ПРИРОДА
НАВИГАЦИЯ
НОВЫЙ
ВОЗМОЖНОСТЬ
ОПАСНЫЙ
ПОДГОТОВКА
ПРОБЛЕМЫ
БЕЗОПАСНОСТЬ

75 - Forme

Т	Р	Е	У	Г	О	Л	Ь	Н	И	К	О	П	И	Х	Ь
Я	А	Ш	У	Ч	Е	С	Ы	И	Ш	Ц	В	И	Ф	К	Н
Е	Л	Щ	Б	Г	П	У	А	О	М	Щ	А	Р	Ъ	П	Ь
Ъ	О	К	Ц	У	О	Р	К	Д	Ь	Я	Л	А	Г	У	Д
М	Б	Ч	Е	Р	У	Л	И	Г	М	Ы	Ь	М	Ч	О	А
О	Р	Щ	Т	К	И	С	Н	З	Ъ	С	Н	И	Г	Ы	Щ
М	Е	Ь	Л	Ж	Ю	Ь	Ь	С	М	Е	Ы	Д	Ж	Н	О
В	П	У	Ц	Г	С	И	Л	У	Т	А	Й	А	К	К	Л
Л	И	Н	И	Я	Ш	Х	О	Н	Ы	О	К	Р	А	Я	П
Х	Г	В	К	Х	Г	Н	Г	О	С	Н	Р	А	В	И	В
Ф	Ъ	В	Ъ	Щ	Ц	Щ	У	К	Ч	В	Д	О	Б	Л	Ю
С	Ф	Е	Р	А	Т	В	О	Ж	В	Ш	Н	Т	Н	Ъ	О
П	О	Л	И	Г	О	Н	М	А	Ч	Ф	И	Ш	Ч	А	П
К	Ш	Ч	Ф	К	Р	О	Я	Е	У	А	Л	К	У	Б	Б
Г	П	Х	У	Ю	Щ	Т	Р	А	С	П	И	Л	Л	Э	И
И	З	Г	И	Б	Б	Ж	П	П	Б	Р	Ц	П	Ш	Л	Л

УГОЛ
ДУГА
КРАЯ
КРУГ
ЦИЛИНДР
КОНУС
КУБ
ИЗГИБ
ЭЛЛИПС
ГИПЕРБОЛА
СТОРОНА
ЛИНИЯ
ОВАЛЬНЫЙ
ПИРАМИДА
ПОЛИГОН
ПРИЗМА
ПЛОЩАДЬ
ПРЯМОУГОЛЬНИК
СФЕРА
ТРЕУГОЛЬНИК

76 - Oceano

Щ	С	К	Ц	С	С	Ы	В	Щ	Ж	Ъ	Р	Ы	Е	В	Р
Я	Я	У	Х	Р	Е	Ш	Н	К	С	П	П	У	Д	О	Р
Г	Т	Д	Б	Н	Л	Ъ	А	Ц	И	Р	Т	С	У	Л	Л
Ч	Е	Р	Е	П	А	Х	А	Е	П	Т	Т	А	У	Л	Щ
К	Р	Е	В	Е	Т	К	А	Н	О	В	Я	У	Я	О	М
А	З	У	Д	Е	М	Ъ	Д	У	У	Ю	Ц	Я	Р	И	Ф
К	О	Ч	Г	Ю	Ф	В	Ш	Т	С	Р	И	Ы	У	И	Г
У	М	Т	Щ	У	Ц	П	К	Р	А	Б	И	Ц	Б	Ъ	Я
Л	М	Л	У	В	Б	О	Ъ	Л	Ь	Г	Т	С	У	В	Е
А	Ш	О	О	Р	Г	К	Д	Е	Л	Ь	Ф	И	Н	Ж	И
К	Ы	Р	В	О	Л	Л	А	Р	О	К	Б	Ы	П	Л	И
Д	П	Ы	С	К	Ц	Д	Ю	Б	С	У	Л	Н	Л	Ь	П
О	О	С	Ь	М	И	Н	О	Г	Ы	В	И	Л	И	Р	П
Л	Ш	Л	Е	С	С	В	Ж	С	П	Р	В	О	К	О	Ф
Ъ	У	Ц	Г	Ф	Г	Г	Д	Ч	Ф	У	Я	В	А	Г	Ъ
П	Я	Е	Ж	Р	Я	П	Е	Т	С	Ц	Н	М	Ц	У	Ф

УГОРЬ
КИТ
ЛОДКА
КОРАЛЛ
ДЕЛЬФИН
КРЕВЕТКА
КРАБ
ПРИЛИВЫ
МЕДУЗА
ВОЛНЫ
УСТРИЦА
РЫБА
ОСЬМИНОГ
СОЛЬ
РИФ
ГУБКА
АКУЛА
ЧЕРЕПАХА
БУРЯ
ТУНЕЦ

77 - Famiglia

П	Д	А	Е	Ю	Л	М	О	Г	Ч	Р	Г	М	Д	Е	А
Т	Р	П	Л	Р	Б	А	Д	Т	Ж	А	Л	О	Ц	Н	Ы
Л	Ч	Е	М	Д	М	Т	Ъ	А	Ц	Е	Т	О	Р	Ф	У
Ы	Г	Ы	Д	Е	Щ	Е	Ъ	Т	Ч	О	С	Н	Ы	Е	Ч
М	Щ	Ж	В	О	У	Р	Б	Ж	Ф	Н	В	Д	Е	Т	И
А	В	Р	С	В	К	И	Р	Ъ	Ж	У	М	С	Ь	Г	Д
Д	Ц	Щ	С	Т	Б	Н	А	Р	Е	Я	Е	Щ	К	Ф	Р
Е	А	Р	Т	С	Е	С	Т	П	Н	О	Д	П	Д	И	Т
Д	Е	Д	Д	Т	Ъ	К	Е	Р	А	С	У	Л	У	Ъ	Й
Р	Т	Х	Е	Е	У	И	Ъ	Х	К	О	Н	Е	Б	Е	Р
М	В	Ч	О	Д	В	Й	Б	Д	У	У	Д	М	Н	Ф	Ч
У	А	К	Ш	У	Б	А	Б	О	Н	Ш	Я	Я	Т	Е	Т
Ч	С	Т	Ж	Ф	Н	В	Р	Ч	В	Ь	Д	Н	Ъ	Н	И
Г	Ш	Ж	Ь	Н	С	Т	И	Ь	С	Д	Я	Н	Н	Ч	У
Б	Л	И	З	Н	Е	Ц	Ы	П	Р	Д	М	И	М	М	Х
Л	Л	Ж	Ц	Ф	Г	Ь	В	Ю	Т	А	Ц	К	Д	Ц	Н

ПРЕДОК
ДЕТИ
РЕБЕНОК
ДОЧЬ
БРАТ
БЛИЗНЕЦЫ
ДЕТСТВО
МАТЬ
МУЖ
МАТЕРИНСКИЙ
ЖЕНА
ПЛЕМЯННИК
ВНУК
БАБУШКА
ДЕД
ОТЕЦ
ОТЦОВСКИЙ
СЕСТРА
ТЕТЯ
ДЯДЯ

78 - Veicoli

Х	Б	В	Ж	В	В	В	К	С	Ц	Ю	Ъ	С	Ф	Г	П
Б	Ч	Я	Д	З	Е	О	П	А	И	У	Ф	М	У	Р	Н
Ч	Щ	У	Р	Г	И	Р	И	Ы	Р	Г	В	И	Р	У	И
Ь	Е	Р	В	М	Р	О	Т	Ш	А	А	Н	Ш	Г	З	М
Ъ	К	Е	А	У	Р	Т	К	О	Ъ	И	В	О	О	О	А
Я	Е	О	С	К	Ж	О	Ю	Т	Л	К	Н	А	Н	В	В
М	О	Р	А	П	Е	М	О	В	Я	Е	Н	Ц	Н	И	Т
Ф	Н	Е	Ы	Ь	У	Т	Ч	Е	К	Л	Т	Р	Д	К	О
А	В	Т	О	Б	У	С	А	С	А	М	О	Л	Е	Т	М
К	П	У	Т	А	К	С	И	Р	Ъ	П	А	У	П	М	О
Д	Л	К	Ч	Я	О	Т	Р	А	К	Т	О	Р	И	Е	Б
О	О	С	Ш	Б	Н	Е	И	К	П	Щ	Х	Ф	С	Т	И
Л	Т	Г	И	И	Л	П	О	Ъ	Д	О	Х	Х	О	Р	Л
Ь	А	Щ	Н	Л	Е	О	Р	Н	У	Ю	У	Х	Л	О	Ь
Ф	А	Б	Ы	Ц	Ч	М	Л	Д	Е	Х	Н	Г	Е	О	Ф
М	О	Г	Б	Я	Л	А	О	Н	Б	С	Н	Щ	В	Щ	П

САМОЛЕТ
АВТОМОБИЛЬ
АВТОБУС
ЛОДКА
ВЕЛОСИПЕД
ГРУЗОВИК
КАРАВАН
ВЕРТОЛЕТ
ФУРГОН
МЕТРО
МОТОР
ЧЕЛНОК
ШИНЫ
РАКЕТА
СКУТЕР
ТАКСИ
ПАРОМ
ТРАКТОР
ПОЕЗД
ПЛОТ

79 - Emozioni

Ц	Ф	Д	И	Ж	С	С	Ь	Я	Г	М	Г	Ч	Д	Н	Ю
Л	Ц	Ж	О	Ь	Ф	М	М	М	Н	Ж	И	Б	Ъ	Щ	Н
Н	С	М	Ж	В	Ж	Е	У	Р	Е	Ю	О	Р	Ы	Ж	Б
О	И	Ц	О	О	О	Я	Б	Щ	В	О	В	А	Я	Г	Л
Б	М	Ь	Ш	Б	Н	Л	Ъ	Ь	Е	Х	Т	Ю	К	У	А
Л	П	Т	Ы	Ю	К	А	Е	У	Щ	Н	С	Б	Ы	Н	Г
Е	А	И	А	Л	М	Е	Ю	Н	Щ	П	Н	Й	И	С	О
Г	Т	М	Ч	А	Л	Ы	Ф	С	К	Г	Е	Ы	С	Ю	Д
Ч	И	У	О	Д	Ы	Ю	А	С	И	К	Ж	Н	Й	Р	А
Е	Я	С	Ь	К	Ж	К	Г	Е	Е	Я	А	Й	Ы	П	Р
Н	Т	Ь	Т	С	О	Н	Ж	Е	Н	С	Л	О	Т	Р	Н
И	Х	О	С	К	Ы	Х	И	Д	Ж	Т	Б	К	Ц	И	Ы
Е	А	Х	О	У	Д	Л	А	Т	О	Р	Б	О	Д	З	Й
О	В	Ч	Д	К	М	Ь	Ф	Ц	Ч	А	У	П	А	Б	Я
Т	Р	Ц	А	А	Е	Т	Ц	Х	Ш	Х	Н	С	К	А	Г
В	О	Л	Р	С	П	О	К	О	Й	С	Т	В	И	Е	Ч

ЛЮБОВЬ
БЛАЖЕНСТВО
СПОКОЙНЫЙ
ДОБРОТА
РАДОСТЬ
БЛАГОДАРНЫЙ
СМУЩЕННЫЙ
СКУКА
МИР
СТРАХ
ГНЕВ
ОБЛЕГЧЕНИЕ
СИМПАТИЯ
ДОВОЛЕН
СЮРПРИЗ
НЕЖНОСТЬ
СПОКОЙСТВИЕ

80 - Natura

Ц	Ш	Б	У	А	В	Т	С	И	Л	Х	Н	В	Ч	Щ	С
Ц	Щ	С	Р	Ъ	Р	Ъ	Ж	В	Г	Д	Н	М	Ы	Ш	В
Ф	У	Р	Е	К	А	К	А	Л	Б	О	Т	Т	Х	Ы	Я
О	Ш	П	У	Л	Л	А	Т	О	С	А	Р	К	С	Д	Т
П	А	Й	И	К	С	Е	Ч	И	М	А	Н	И	Д	Е	И
И	П	М	В	Я	Н	И	А	Д	Ч	С	К	А	Л	Ы	Л
Ю	Й	Ы	Н	Ж	Е	Т	Я	М	З	Е	Б	Ц	Т	Р	И
Ж	И	В	О	Т	Н	Ы	Е	Д	О	Б	С	Ъ	Т	О	Щ
О	К	Ч	Ф	Ч	А	Р	Б	Б	Г	Я	Ы	К	Н	Г	Е
Л	И	Ь	М	Ш	М	К	Л	Ъ	П	Л	И	Ы	И	Ф	Ъ
Щ	Д	Ы	Б	Н	У	У	Я	Е	Н	Н	А	Н	И	Й	У
Х	Е	Д	Л	Р	Т	Б	И	Ж	Д	Щ	С	Е	Ф	Е	К
Б	Ь	Ы	У	Ч	Ф	Е	Л	Л	К	Н	П	Ч	Е	Л	Ы
О	Н	Б	Р	П	Й	И	К	С	Е	Ч	И	П	О	Р	Т
Э	Р	О	З	И	Я	Н	Ы	Т	С	У	П	К	Н	Ы	П
Ж	П	И	К	Ш	Ж	Ф	Р	Ъ	Ж	Ч	В	Ю	У	Ц	Ю

ЖИВОТНЫЕ
ПЧЕЛЫ
АРКТИЧЕСКИЙ
КРАСОТА
ПУСТЫНЯ
ДИНАМИЧЕСКИЙ
ЭРОЗИЯ
РЕКА
ЛИСТВА
ЛЕС
ЛЕДНИК
ГОРЫ
ТУМАН
ОБЛАКА
УКРЫТИЕ
СВЯТИЛИЩЕ
СКАЛЫ
ДИКИЙ
БЕЗМЯТЕЖНЫЙ
ТРОПИЧЕСКИЙ

81 - Balletto

Б	Х	Т	Е	Х	Н	И	К	А	О	Р	К	М	И	Ц	В
Н	А	О	Ю	П	С	П	Я	Ь	Е	И	О	У	Н	О	Ъ
Ы	К	Л	Р	Т	С	Е	К	Р	О	Т	М	З	Т	Я	А
Л	И	Ъ	Е	Е	Е	Н	Ж	Ю	Д	М	П	Ы	Е	В	П
Л	Т	Я	И	Р	О	Т	И	Д	У	А	О	К	Н	Ы	Л
Ь	К	Ш	С	Н	И	Г	Ч	Т	Ц	Ц	З	А	С	Р	О
П	А	Л	Ф	Ж	С	Н	Р	У	Щ	Н	И	Ц	И	А	Д
А	Р	П	Ч	Ь	Ю	Р	А	А	В	П	Т	Ь	В	З	И
И	П	С	О	Л	О	Е	М	Ш	Ф	Т	О	Т	Н	И	С
У	Р	О	К	И	Д	П	Ш	Ш	В	И	Р	А	О	Т	М
О	П	А	Р	Т	Б	Е	Л	И	О	Р	Я	Н	С	Е	Е
Б	В	Я	Л	С	Ж	Т	Ж	Н	П	Е	Ы	Ц	Т	Л	Н
Ж	Е	С	Т	Ж	В	И	С	Р	А	Т	Ц	О	Ь	Ь	Т
О	А	С	Я	Ж	А	Ц	И	И	Р	В	Ш	Р	В	Н	Ы
И	Л	Ц	Ч	Н	П	И	Ы	П	Я	Т	Ы	Ы	М	Ы	С
Ъ	С	Е	Ы	Ц	С	Я	Е	Ь	Е	П	М	К	Л	Й	Л

НАВЫК
АПЛОДИСМЕНТЫ
СОЛО
БАЛЕРИНА
ТАНЦОРЫ
КОМПОЗИТОР
ХОРЕОГРАФИЯ
ВЫРАЗИТЕЛЬНЫЙ
ЖЕСТ
ИНТЕНСИВНОСТЬ
УРОКИ
МЫШЦЫ
МУЗЫКА
ОРКЕСТР
ПРАКТИКА
РЕПЕТИЦИЯ
АУДИТОРИЯ
РИТМ
СТИЛЬ
ТЕХНИКА

82 - Paesi #1

И	Ъ	А	С	И	Д	В	Ф	Ж	Ф	Р	Ы	Щ	Е	В	Н
Ч	Н	Ж	Ь	Р	Ф	Е	У	С	О	У	И	А	Б	Я	О
Ш	Г	Д	Л	А	Ж	Н	Г	Ц	Ь	М	Ъ	Ы	Г	Ф	Р
О	П	О	И	К	П	Е	Е	Х	Д	Ы	В	Н	Е	В	В
Ш	Ю	Б	А	Я	О	С	Р	М	А	Н	Т	Е	Ь	В	Е
Ъ	Щ	М	Р	Ч	Ц	У	М	Ф	Ю	И	Ь	Д	С	Ю	Г
П	М	А	З	И	Ш	Э	А	Е	К	Я	Ь	Ш	Ж	Ч	И
А	Н	К	И	М	О	Л	Н	И	С	П	А	Н	И	Я	Я
Н	П	Е	У	Ш	К	А	И	Б	Р	А	З	И	Л	И	Я
А	О	Г	Б	О	К	Т	Я	С	Е	Н	Е	Г	А	Л	Ж
М	Л	И	Я	Е	О	Ь	Х	Л	И	В	И	Я	Х	У	Ф
А	Ь	П	У	М	Р	Р	Ю	Ъ	М	Е	П	Г	Р	К	Д
Ъ	Ш	Е	Я	Ъ	А	Д	А	Н	А	К	М	Д	К	Ф	Ф
В	А	Т	Ч	Н	М	Л	О	Н	К	Ш	Т	Т	Ъ	Я	Л
Ы	Ш	Ч	К	Ж	С	Я	И	Д	Н	Я	Л	Н	И	Ф	У
Г	Ф	Ф	Ю	Н	М	Б	С	Е	Ф	У	Е	Ч	Ю	Ю	Е

БРАЗИЛИЯ
КАМБОДЖА
КАНАДА
ЕГИПЕТ
ФИНЛЯНДИЯ
ГЕРМАНИЯ
ИНДИЯ
ИРАК
ИЗРАИЛЬ
ЛИВИЯ
МАЛИ
МАРОККО
НОРВЕГИЯ
ПАНАМА
ПОЛЬША
РУМЫНИЯ
СЕНЕГАЛ
ИСПАНИЯ
ВЕНЕСУЭЛА
ВЬЕТНАМ

83 - Geometria

Й	Ы	Н	Ь	Л	А	К	И	Т	Р	Е	В	Р	С	П	П
О	Ъ	Г	А	Д	У	Ц	Р	Х	Ь	Ч	Ы	А	В	П	А
Д	Х	К	Ъ	У	Б	Ы	В	Ю	Д	О	С	С	Д	О	Р
Щ	У	А	М	О	Ъ	Ж	У	Ч	У	Г	О	Ч	А	В	А
Е	Б	Х	Ъ	Ч	И	Я	Ш	Г	И	Х	Т	Е	Х	Е	Л
С	И	М	М	Е	Т	Р	И	Я	О	С	А	Т	Д	Р	Л
М	А	Н	А	И	Д	Е	М	Ч	С	Л	Л	Е	И	Х	Е
Д	К	И	Н	Ь	Л	О	Г	У	Е	Р	Т	О	А	Н	Л
П	И	Т	З	Т	Е	О	Р	И	Я	Ц	Б	Б	М	О	Ь
А	Г	Н	У	Г	У	Р	К	Т	Н	Е	М	Г	Е	С	И
Р	О	О	Н	Е	И	Н	Е	Щ	А	Р	В	Ь	Т	Т	О
Х	Л	М	Т	Ь	Р	Б	Ш	В	Н	Х	У	Ь	Р	Ь	Ы
Ь	О	Г	П	Р	О	П	О	Р	Ц	И	Я	В	Я	И	Г
М	Ч	У	Р	А	В	Н	Е	Н	И	Е	Ч	О	Я	Ф	Д
И	З	М	Е	Р	Е	Н	И	Е	Ф	Ю	К	И	Б	Ь	Ч
И	Ъ	И	Н	В	Х	К	К	Л	М	Ж	Г	Д	С	Щ	С

ВЫСОТА
УГОЛ
РАСЧЕТ
КРУГ
ИЗГИБ
ДИАМЕТР
ИЗМЕРЕНИЕ
УРАВНЕНИЕ
ЛОГИКА
МЕДИАНА
ЧИСЛО
ПАРАЛЛЕЛЬ
ПРОПОРЦИЯ
ВРАЩЕНИЕ
СЕГМЕНТ
СИММЕТРИЯ
ПОВЕРХНОСТЬ
ТЕОРИЯ
ТРЕУГОЛЬНИК
ВЕРТИКАЛЬНЫЙ

84 - Edifici

К	В	А	Р	Т	И	Р	А	Л	О	К	Ш	Ф	Л	У	У
Н	К	К	Ф	Ж	В	Р	Ы	Ы	Й	Ь	Р	Ю	С	В	Н
Б	Ъ	Т	Е	К	Р	А	М	Р	Е	П	У	С	Т	П	И
Ъ	Ж	А	З	А	В	О	Д	Н	З	Ю	А	Я	А	И	В
Ф	У	Л	А	Ш	Ж	В	П	Т	У	Ч	Р	И	Д	Ш	Е
В	Ъ	А	Б	И	П	М	В	Б	М	Ж	Ь	Р	И	Ю	Р
Б	Д	П	Ъ	А	М	Р	Е	Ф	Ы	Ъ	О	О	О	Г	С
Т	Ж	В	Щ	Ц	Ш	Б	К	М	Ы	М	Т	Т	Н	Ч	И
Ф	Н	А	С	И	Д	Н	Ь	Д	Б	Р	Д	А	Ы	Т	Т
Ы	Т	С	А	Н	Ь	Ш	Я	А	М	Б	А	Р	А	К	Е
Т	Ж	И	Ю	Ь	Л	Е	Т	О	Д	Я	Ф	О	Х	И	Т
Д	В	Е	Х	Л	Е	И	Т	И	Ж	Е	Щ	Б	О	Н	Ъ
Ц	У	Ъ	К	О	М	А	З	Щ	П	М	Д	А	Ж	О	Ы
М	Ш	Г	А	Б	В	Я	Ж	М	Ф	Л	Ч	Л	Ч	Д	Е
П	О	С	О	Л	Ь	С	Т	В	О	Т	Е	А	Т	Р	П
О	Б	С	Е	Р	В	А	Т	О	Р	И	Я	К	Г	Н	Л

ПОСОЛЬСТВО
КВАРТИРА
ЗАМОК
КИНО
ЗАВОД
ФЕРМА
АМБАР
ОТЕЛЬ
ЛАБОРАТОРИЯ
МУЗЕЙ
БОЛЬНИЦА
ОБСЕРВАТОРИЯ
ОБЩЕЖИТИЕ
ШКОЛА
СТАДИОН
СУПЕРМАРКЕТ
ТЕАТР
ПАЛАТКА
БАШНЯ
УНИВЕРСИТЕТ

85 - Malattia

П	Й	И	К	С	Е	Ч	И	Т	Е	Н	Е	Г	Х	С	Я
Н	Е	Т	Ь	Е	К	А	Ч	Е	У	Ж	Е	З	Р	Л	Б
Ж	Ы	С	Г	Р	С	Л	Ю	Т	Я	Е	Л	Д	О	А	А
Х	Я	О	Я	Д	И	Л	Л	И	Ь	С	С	О	Н	Б	К
М	Ж	К	Ч	Ц	Н	Е	О	Н	В	Ъ	Щ	Р	И	Ы	Т
Б	Г	Ь	Ш	Е	Д	Р	И	У	Ь	Щ	Ъ	О	Ч	Й	Е
П	Р	Ц	С	В	Р	Г	У	М	Е	У	Ж	В	Е	В	Р
О	Л	Ю	В	М	О	И	Д	М	Ч	В	Ю	Ь	С	О	И
Я	Е	П	Ш	С	М	И	Р	И	Ь	Ь	Х	Е	К	С	А
С	Г	Й	Ы	Н	Ь	Л	Е	Т	А	Х	Ы	Д	И	П	Л
Н	О	Щ	Ш	П	О	Т	Е	Р	А	П	И	Я	Й	А	Ь
И	Ч	Г	Ы	Я	Л	Й	Ы	Р	Т	С	О	Ф	Я	Л	Н
Ч	Н	М	П	Х	Е	Г	Ю	Т	Ь	Ь	Ж	И	И	Е	Ы
Н	Ы	Л	Я	И	Т	А	П	О	Р	В	Е	Н	Ц	Н	Й
Ы	Й	А	В	Г	Ф	П	Ъ	Е	Р	Л	Б	А	О	И	П
Й	Д	С	Ь	З	А	Р	А	З	Н	Ы	Й	Ф	Е	Е	В

ОСТРЫЙ
БРЮШНОЙ
АЛЛЕРГИИ
БАКТЕРИАЛЬНЫЙ
ЗАРАЗНЫЙ
ТЕЛО
ХРОНИЧЕСКИЙ
СЕРДЦЕ
СЛАБЫЙ
ГЕНЕТИЧЕСКИЙ
ИММУНИТЕТ
ВОСПАЛЕНИЕ
ПОЯСНИЧНЫЙ
НЕВРОПАТИЯ
КОСТИ
ЛЕГОЧНЫЙ
ДЫХАТЕЛЬНЫЙ
ЗДОРОВЬЕ
СИНДРОМ
ТЕРАПИЯ

86 - Paesi #2

А	О	Т	Щ	Ж	В	У	Я	И	П	О	И	Ф	Э	Я	Ф
Б	С	И	Р	И	Я	Х	С	Б	Р	Ж	В	Г	Я	П	Ж
В	Т	У	Т	Я	И	Р	Е	Б	И	Л	В	В	Б	О	П
Щ	Г	Ч	Х	И	Н	А	Т	С	И	К	А	П	Ш	Н	И
Ф	Х	Л	Т	Н	А	Н	И	А	Р	К	У	Н	В	И	Г
С	А	Ж	С	А	Б	Г	Ч	Т	Щ	А	Ы	А	Д	Я	Н
С	Р	Щ	Ц	Д	Л	Х	Я	Ф	Ш	Я	Ф	Д	Б	И	У
У	Ъ	М	Ж	Ъ	А	К	Й	А	М	Я	Л	У	Н	Ю	Я
Р	Г	Г	Ш	Ъ	Л	Г	Р	Е	Ц	И	Я	С	Д	Х	С
Ч	Ж	А	Ф	Ц	А	Ш	Т	Ж	У	Л	Н	Е	П	А	Л
К	Ж	Т	Н	Б	О	Х	Щ	Г	Р	О	С	С	И	Я	Е
Ф	Ж	Ц	Р	Д	С	И	И	Н	Д	О	Н	Е	З	И	Я
А	Ю	Щ	Ш	Ы	А	Е	У	Ы	Н	И	Г	Е	Р	И	Я
Р	Щ	Ж	Г	Н	Д	Ф	Р	Т	А	Ю	О	Ь	Г	Л	Е
Ц	Л	Ы	Д	В	Л	Ь	Ь	Х	И	К	Щ	Б	Д	Р	У
Ъ	Ц	Ж	Ч	М	Е	К	С	И	К	А	С	Ь	Ц	Ю	Ы

АЛБАНИЯ
ДАНИЯ
ЭФИОПИЯ
ЯМАЙКА
ЯПОНИЯ
ГРЕЦИЯ
ГАИТИ
ИНДОНЕЗИЯ
ИРЛАНДИЯ
ЛАОС
ЛИБЕРИЯ
МЕКСИКА
НЕПАЛ
НИГЕРИЯ
ПАКИСТАН
РОССИЯ
СИРИЯ
СУДАН
УКРАИНА
УГАНДА

87 - Tipi di Capelli

Й	Ы	Т	С	Л	О	Т	Ю	С	Ю	Ж	Ч	К	К	Ы	М
Ъ	Е	О	Р	М	И	Ь	Р	Щ	Е	Ш	Ы	О	О	Н	В
Т	Ы	Н	Д	Л	И	Н	Н	Ы	Й	Р	Г	С	Р	В	У
Щ	Ш	К	У	Ж	Ш	Ч	Й	Г	Ъ	М	Ы	Ы	О	Ш	Я
К	Ж	И	И	Ц	Х	Л	Ы	Е	Г	Ь	Р	Й	Т	Ы	Щ
Ъ	У	Й	И	К	Д	А	Л	Г	Р	Л	Б	О	К	Х	Н
О	И	Д	П	Ш	О	Ч	Е	Р	Н	Ы	Й	Н	А	Л	Ф
Б	Л	Ч	Р	С	Ц	С	Б	Ь	Е	М	Ы	Т	Я	Е	А
Л	И	Л	О	Я	Е	К	У	Д	Р	И	С	Е	Е	Г	А
О	Е	С	Л	С	В	Р	Т	Л	Д	У	Ы	В	Н	Б	Я
Н	Т	У	Н	Ш	Щ	Ы	Е	С	М	Р	Л	Ц	С	Ш	Б
Д	С	Х	Г	Ь	Ъ	А	Й	Б	Н	М	Я	Г	К	И	Й
И	Ч	О	А	Я	Д	М	Ш	Х	Р	Х	М	О	И	Л	Ъ
Н	Ф	Й	Ы	В	Е	Н	Ч	И	Р	О	К	И	В	Щ	Ь
З	Д	О	Р	О	В	Ы	Й	П	Л	Е	Т	Е	Н	Ы	Й
Е	Ж	В	Т	Ь	Я	Ы	Ъ	М	Ф	Ь	Ц	Щ	С	Б	Щ

СЕРЕБРО
СУХОЙ
БЕЛЫЙ
БЛОНДИН
КОРОТКАЯ
ЛЫСЫЙ
ЦВЕТНОЙ
СЕРЫЙ
ПЛЕТЕНЫЙ
ГЛАДКИЙ
ДЛИННЫЙ
КОРИЧНЕВЫЙ
МЯГКИЙ
ЧЕРНЫЙ
КУДРЯВЫЙ
КУДРИ
ЗДОРОВЫЙ
ТОНКИЙ
ТОЛСТЫЙ
КОСЫ

88 - Vestiti

Л	Т	Р	Л	Н	Ч	С	В	И	Т	Е	Р	Ь	К	М	П
Ц	К	У	Т	Р	А	Ф	Б	Щ	В	Ь	Ы	Ш	Л	Н	Е
Ш	Ъ	Б	Н	П	Ч	Н	Ю	Р	Я	Т	М	М	И	К	Р
Т	С	А	Ы	Г	Е	Ц	Е	Д	Ъ	А	Д	О	М	Я	Ч
Ф	М	Ш	Ю	Ы	Ь	В	У	Б	О	Л	П	Х	Ь	Ж	А
О	Х	К	Б	Х	Л	У	Т	П	Ч	П	Р	Я	Ч	Щ	Т
Ь	Ы	А	Л	Р	Е	Ф	Ю	Д	И	М	К	Н	Л	Д	К
В	Т	З	Н	Б	Р	А	С	Л	Е	Т	Ы	Л	Ф	Ш	И
А	О	У	И	У	Е	Б	К	У	Ы	С	Н	И	Ж	Д	Ф
Ш	Ц	Л	У	Б	Ж	Р	Ц	Б	Д	А	М	А	Ж	И	П
Ч	А	Б	Ш	Ю	О	Ю	Ш	Я	Ю	Н	Ф	М	Щ	С	Р
Ъ	Ц	Р	М	Ф	Т	К	Г	Е	У	Д	Ъ	Б	Р	Р	О
Е	Е	Ы	Ф	Р	Ь	И	П	Г	Ч	А	С	Щ	Т	О	Г
И	Г	Ы	С	К	Л	Ц	О	С	Ф	Л	Б	Ф	С	А	Ш
К	У	Р	Т	К	А	Я	Я	Ю	О	И	Ж	Ж	У	Ъ	Е
Г	Б	В	Ч	Т	П	Ц	С	М	А	И	В	М	И	У	Т

ПЛАТЬЕ
БРАСЛЕТ
БЛУЗА
РУБАШКА
ШЛЯПА
ПАЛЬТО
ПОЯС
ОЖЕРЕЛЬЕ
КУРТКА
ЮБКА
ФАРТУК
ПЕРЧАТКИ
ДЖИНСЫ
СВИТЕР
МОДА
БРЮКИ
ПИЖАМА
САНДАЛИИ
ОБУВЬ
ШАРФ

89 - Meteo

А	С	М	Л	Ю	А	Ь	Ш	Ъ	Ъ	Е	Л	Л	Ъ	У	Щ
Х	Т	Ю	Е	Т	Ф	Ж	Н	Ц	Х	Н	Я	Д	Ч	Ф	Н
У	Л	М	Д	Я	П	Я	К	С	У	Х	О	Й	М	Х	У
С	Ч	О	О	М	У	С	С	О	Н	Ш	Б	Ы	И	Ы	Ц
А	У	Р	К	С	Ц	А	Д	В	Л	Ц	Е	Н	У	Б	К
З	Р	Г	Л	Л	Ф	Х	С	П	Ч	Ч	Н	Р	В	Р	Я
С	А	Б	Ю	Б	И	Е	М	Г	Ф	Ч	Б	Я	Я	И	Ж
Б	Г	Щ	У	Н	Е	М	Р	И	П	Н	В	Л	Д	З	О
Н	А	П	Ф	Р	С	Т	А	А	Р	Ю	Д	О	К	Я	Ш
И	Н	Г	Т	Б	Я	Ц	Х	Т	А	Х	Н	П	Я	У	Ы
Т	Т	О	Р	Н	А	Д	О	М	Д	В	Е	Т	Е	Р	Ы
У	М	Щ	Х	Я	Я	К	Ю	Л	У	Н	Ч	П	Ч	Ч	Е
М	М	О	Ц	Ж	Ц	Ц	М	М	Г	Л	Ф	Ц	Г	Б	Ы
А	М	О	Л	Н	И	Я	О	К	А	Л	Б	О	Д	Ц	О
Н	Т	Е	М	П	Е	Р	А	Т	У	Р	А	В	Ф	Ж	А
Т	Р	О	П	И	Ч	Е	С	К	И	Й	К	К	Ж	Щ	Ъ

РАДУГА
СУХОЙ
АТМОСФЕРА
БРИЗ
НЕБО
КЛИМАТ
МОЛНИЯ
ЛЕД
МУССОН
ТУМАН
ОБЛАКО
ПОЛЯРНЫЙ
ЗАСУХА
ТЕМПЕРАТУРА
БУРЯ
ТОРНАДО
ТРОПИЧЕСКИЙ
ГРОМ
УРАГАН
ВЕТЕР

90 - Corpo Umano

В	С	О	Н	Щ	Ч	Ь	М	Ъ	М	Б	П	Ь	Ф	Т	Б
Ю	Е	Т	Н	Ъ	М	Н	Ъ	Щ	Я	Б	О	Х	У	Ж	Ь
Р	Р	Р	Ч	Л	И	Ц	О	Л	Ю	Ю	Д	Ч	Ч	Щ	Ж
К	Д	Х	У	Ф	Б	Е	П	Ш	Ц	Н	Б	М	Е	Ф	О
Ж	Ц	Р	С	А	Ц	Л	Е	П	Б	У	О	Л	Е	Л	Л
В	Е	В	Ф	Я	Н	А	У	С	Щ	Л	Р	Ф	Ц	М	П
Г	Л	У	Ж	О	П	П	Ф	О	Щ	Щ	О	У	Ъ	Ц	В
Г	З	О	М	К	Ч	А	А	К	Ж	Ы	Д	О	Л	К	Я
Ь	А	Ж	О	К	У	Ы	Ь	О	Ъ	Ц	О	Н	О	Г	А
Ы	Л	М	Г	Е	Ч	Я	Щ	Д	Щ	Щ	К	Д	И	К	Ц
М	Г	О	Н	Е	Л	О	К	У	К	С	Х	Ь	У	Г	Ю
Ф	Р	А	К	У	Р	Р	П	Л	И	Г	Ф	Х	П	О	Б
Ш	Ч	Ъ	Х	О	О	В	Е	Е	М	Ь	Я	Ф	Х	Л	Д
Б	Е	Б	Ю	Ц	Т	Ю	Щ	Ж	У	Ю	Щ	И	Г	О	Е
Ш	Я	Я	Ж	Я	Б	Ь	В	О	Р	К	П	О	Ь	В	Ц
С	Л	Г	Р	К	Ш	С	Ю	Ц	Я	Ч	Р	О	Т	А	Л

РОТ
ЛОДЫЖКА
МОЗГ
ШЕЯ
СЕРДЦЕ
ПАЛЕЦ
ЛИЦО
НОГА
КОЛЕНО
ЛОКОТЬ
РУКА
ПОДБОРОДОК
НОС
ГЛАЗ
УХО
КОЖА
КРОВЬ
ПЛЕЧО
ЖЕЛУДОК
ГОЛОВА

91 - Mammiferi

Л	О	Я	Л	Ъ	Т	Л	А	К	А	Б	О	С	О	Н	З
Л	И	В	Ы	К	Ы	Б	Н	Ж	Р	Е	Щ	Щ	Л	А	Е
Л	Ю	С	Н	О	Л	С	Я	П	И	О	Я	В	Е	Л	Б
С	Ь	Д	А	Ш	О	Л	Ь	Х	У	Р	Л	К	Н	Д	Р
Т	Ь	Ч	Е	К	П	П	З	Ш	Х	Ы	А	И	Ь	Р	А
Ъ	Т	Ы	Д	А	Л	Ж	Е	Б	У	Ц	Ю	Ф	К	Е	Д
Г	О	Р	И	Л	Л	А	Б	В	У	Х	А	Л	Д	К	Е
Б	Й	Ж	Ь	П	Щ	Е	О	О	Д	Х	О	Т	Ж	Х	Ъ
Ф	О	И	И	Щ	Ч	Л	К	Л	Х	Ы	Г	Ц	Ь	Ж	С
Д	К	П	И	П	Ю	П	Е	К	Е	В	Л	Ж	Ь	К	Ы
В	Щ	Т	Е	М	Б	Х	Н	И	Ф	Ь	Л	Е	Д	Т	Е
Ь	С	К	Р	О	Ч	Р	Г	И	Л	О	Д	К	Е	Ц	В
Е	Б	К	Ч	Н	П	Ш	У	О	К	В	Б	И	В	Т	М
Н	Ь	В	Ц	Т	Ю	П	Р	В	В	Н	Ж	Т	Д	Т	Я
Ф	Б	Р	Р	Н	Ъ	Р	У	Ц	С	Е	Д	Ю	Е	Г	Ш
А	И	М	И	У	А	Б	Н	А	Ь	Д	В	Ч	М	Ч	Е

КИТ
СОБАКА
КЕНГУРУ
ЛОШАДЬ
ОЛЕНЬ
КРОЛИК
КОЙОТ
ДЕЛЬФИН
СЛОН
КОШКА

ЖИРАФ
ГОРИЛЛА
ЛЕВ
ВОЛК
МЕДВЕДЬ
ОВЦА
ОБЕЗЬЯНА
БЫК
ЛИСА
ЗЕБРА

92 - Cucina

Р	Ж	В	М	С	А	И	Д	Р	М	Я	Б	Ш	Х	С	О
Б	Х	К	Е	А	Т	Р	Е	Г	Ш	Ъ	Щ	А	О	П	Б
Т	В	Я	Д	Л	Ъ	Х	Р	Р	У	Д	Ь	Ю	Л	Е	Ы
Б	Ь	Е	Е	Ф	Ф	П	О	И	Ж	О	Н	П	О	Ц	Р
Р	Д	В	Щ	Е	Х	А	Н	Л	С	Ф	У	Е	Д	И	Е
Я	М	В	Р	Т	Ф	Ь	Р	Ь	Ш	М	У	Ч	И	И	Ц
К	Щ	Р	П	К	К	Я	Г	Т	Ъ	О	И	Ь	Л	К	Е
Ф	У	У	П	А	Ю	Г	Д	У	У	С	У	И	Ь	Ш	П
А	Ъ	В	Ь	К	Ю	Ф	У	Т	Б	К	Д	К	Н	А	Т
Г	М	К	Ш	Л	Б	А	Н	К	А	К	Б	О	И	Ч	Е
И	Ю	Ф	С	И	Ч	А	Й	Н	И	К	А	В	К	Т	Ф
Ф	Н	Ю	Ш	З	Н	Л	Ш	М	М	Р	И	Ш	Ф	Б	М
М	Ж	И	В	О	Ш	О	Е	Д	А	Л	Ф	Я	Ж	О	С
Б	Ы	Ю	Х	Р	Ж	Ж	К	Г	Е	Л	Ч	А	Ш	А	Ч
Г	Ч	Ь	Ц	О	С	К	А	Р	Г	Ь	Ш	Л	Ф	Ъ	Ъ
Ф	Ы	У	Н	М	В	И	В	И	Л	К	И	Г	Д	Е	Ы

ЧАЙНИК
КУВШИН
ЕДА
ЧАША
НОЖИ
МОРОЗИЛКА
ЛОЖКИ
ВИЛКИ
ПЕЧЬ
ХОЛОДИЛЬНИК
ФАРТУК
ГРИЛЬ
КОВШ
РЕЦЕПТ
СПЕЦИИ
ГУБКА
ЧАШКИ
САЛФЕТКА
БАНКА

93 - Giardinaggio

С	О	Ц	Щ	Д	П	В	В	Ф	Б	К	Н	О	Р	Р	Ж
У	Е	К	Е	Р	О	И	Л	Х	О	Б	Л	В	О	Д	А
К	О	З	Ц	Ь	Ч	Д	А	Ы	Т	С	Э	И	И	Д	Ь
С	О	Г	О	Ш	В	С	Г	Д	А	С	К	Ц	М	Ь	Е
С	И	Н	М	Н	А	Ю	А	Ъ	Н	Я	З	В	Я	А	К
Ъ	М	А	Т	Х	Н	Ы	Н	Ф	И	Д	О	Е	Ч	Н	Т
Е	Ь	Л	Е	Е	Ы	Ы	В	У	Ч	Н	Т	Т	Р	Е	С
Д	Т	Ш	К	И	Й	Д	Й	Ь	Е	Ж	И	О	Д	М	И
О	Ь	Ч	У	Н	Ф	Н	Ц	З	С	У	Ч	Ч	У	Е	Л
Б	Т	Ю	Б	Е	Е	А	Е	Я	К	Т	Е	Н	И	С	Ф
Н	М	Щ	Г	Т	Г	С	Г	Р	И	Ъ	С	Ы	Щ	Х	О
Ы	Р	Ж	Ы	Е	Ы	Ъ	Я	Г	Й	В	К	Й	Ю	И	Р
Й	Ч	Х	А	В	Т	С	И	Л	Н	Н	И	У	Ы	Е	Г
С	Х	А	Х	Ц	Х	У	К	Х	Х	Я	Й	Ф	Р	Ф	Е
И	Ы	С	Х	Л	Т	Т	Ф	К	О	М	П	О	С	Т	П
Ц	Ш	Ч	Щ	Ц	У	Н	Ш	Ш	И	А	Б	Ъ	Х	Х	Е

ВОДА
БОТАНИЧЕСКИЙ
КЛИМАТ
СЪЕДОБНЫЙ
КОМПОСТ
КОНТЕЙНЕР
ЭКЗОТИЧЕСКИЙ
ЦВЕТЕНИЕ
ЦВЕТОЧНЫЙ
ЛИСТ
ЛИСТВА
САД
БУКЕТ
СЕМЕНА
ВИД
ГРЯЗЬ
СЕЗОННЫЙ
ПОЧВА
ШЛАНГ
ВЛАГА

94 - Universo

Д	О	Л	Г	О	Т	А	Л	А	Т	И	Б	Р	О	Ы	Я
Ю	П	О	К	С	Е	Л	Е	Т	С	Ш	И	Р	О	Т	А
В	Г	Б	Г	К	Б	Р	У	О	Ш	Т	Ж	Д	Л	А	Я
И	О	Е	Ю	А	Я	Ф	Ю	Н	П	Н	Р	И	Й	М	Ц
Д	Р	Н	С	И	Л	К	Б	М	А	Ы	Т	О	Ы	Ж	Я
И	И	Д	Ъ	Д	Ж	А	Ъ	Е	С	Х	Т	Р	Н	У	Я
М	З	Ф	Е	О	Р	Ж	К	Т	Р	Ъ	Б	Е	С	О	И
Ы	О	К	Ш	З	У	Г	Ш	Т	Р	Ъ	А	Т	Е	А	М
Й	Н	Г	У	С	Я	К	Я	Р	И	Ъ	Щ	С	Б	Т	О
Я	Т	Р	Р	У	Д	Ь	Ь	К	Ж	К	К	А	Е	М	Н
К	О	С	М	И	Ч	Е	С	К	И	Й	А	Д	Н	О	О
Ф	Ф	Е	И	Н	Я	О	Т	С	Е	Ц	Н	Л	О	С	Р
И	Ж	Ц	Б	Ъ	С	О	Л	Н	Е	Ч	Н	Ы	Й	Ф	Т
П	О	Л	У	С	Ф	Е	Р	А	Ю	Ф	В	Т	Р	Е	С
Е	Г	К	О	Ъ	В	Ж	В	С	Е	Ц	Ш	Д	И	Р	А
Ю	К	Р	Ц	Л	Ю	Н	Щ	В	Ы	С	А	А	В	А	Я

АСТЕРОИД
АСТРОНОМИЯ
АСТРОНОМ
АТМОСФЕРА
ТЕМНОТА
НЕБЕСНЫЙ
НЕБО
КОСМИЧЕСКИЙ
ПОЛУСФЕРА
ГАЛАКТИКА
ШИРОТА
ДОЛГОТА
ЛУНА
ОРБИТА
ГОРИЗОНТ
СОЛНЕЧНЫЙ
СОЛНЦЕСТОЯНИЕ
ТЕЛЕСКОП
ВИДИМЫЙ
ЗОДИАК

95 - Jazz

Ф	И	Ф	Ю	Ж	Р	Ц	Щ	М	Б	Р	Ы	К	Ж	Е	Ф
Щ	Ю	Щ	М	Т	А	М	У	З	Ы	К	А	О	С	Я	Ш
Б	Ъ	Т	Ъ	Л	Я	Н	С	Е	П	М	Ч	М	Т	И	Р
Б	О	К	Ч	Ф	Й	Ы	Р	А	Т	С	Т	П	Ц	Ц	Т
И	К	О	Н	Ц	Е	Р	Т	Б	Ю	Ь	Ъ	О	И	А	С
Г	З	С	О	С	Т	А	В	М	Щ	Ч	Х	З	Е	З	Е
Ц	Ы	Б	Д	Й	Ы	Н	Т	С	Е	В	З	И	А	И	К
Б	Н	Р	Р	М	Р	Н	И	У	Ю	М	Н	Т	Я	В	Р
Т	Н	А	Л	А	Т	У	М	Н	У	Щ	Щ	О	С	О	О
К	Е	Ъ	Х	П	Н	Н	О	В	Ы	Й	В	Р	Ф	Р	М
В	Т	Х	К	Ы	Т	Н	Е	М	С	И	Д	О	Л	П	А
Щ	Ы	У	Н	Ч	Т	М	О	Б	Ь	Л	А	Ы	Я	М	К
А	Ц	М	Н	И	Ь	С	Ы	Е	Н	П	Ы	Ы	В	И	Е
С	Т	И	Л	Ь	К	И	Н	Ж	О	Д	У	Х	Я	Ы	К
А	К	Ц	Е	Н	Т	А	Ш	Р	Ч	Ж	Ч	А	Ь	Р	К
И	Щ	Х	Г	Н	Ы	У	Т	П	Г	П	Щ	Я	Х	Г	Х

АЛЬБОМ
АПЛОДИСМЕНТЫ
ХУДОЖНИК
ПЕСНЯ
КОМПОЗИТОР
СОСТАВ
КОНЦЕРТ
АКЦЕНТ
ИЗВЕСТНЫЙ
ЖАНР
ИМПРОВИЗАЦИЯ
МУЗЫКА
НОВЫЙ
ОРКЕСТР
ИЗБРАННОЕ
РИТМ
СТИЛЬ
ТАЛАНТ
ТЕХНИКА
СТАРЫЙ

96 - Vacanze #2

В	Ь	Щ	Б	К	И	Н	Д	З	А	Р	П	Ж	У	А	Д
Т	Г	Ц	Ф	О	Ы	И	Ю	О	В	Ю	Ж	Е	К	Э	Ф
Ы	Н	А	Р	О	Т	С	Е	Р	С	И	Ж	Ч	Г	Р	У
Х	И	К	Щ	Ф	Т	Ш	Ы	В	Ц	У	З	Щ	Ф	О	Ь
Т	П	Т	М	Р	М	О	Н	Р	Л	Х	Г	А	Р	П	В
Ф	М	А	Т	Р	А	Н	С	П	О	Р	Т	Ж	В	О	Ф
О	Е	Л	П	У	Т	Е	Ш	Е	С	Т	В	И	Е	Р	П
В	К	А	П	А	С	П	О	Р	Т	И	О	С	И	Т	Ч
Ь	Ф	П	П	О	Е	З	Д	Ь	И	М	Р	К	Л	Ш	Ъ
И	Н	О	С	Т	Р	А	Н	Е	Ц	О	Т	А	Е	И	И
Д	С	Х	Н	Х	П	Ц	С	В	Т	Р	С	Т	К	И	Е
Г	О	Р	Ы	Ь	Л	Е	Т	О	К	Е	О	Ж	Ч	Ъ	О
Ъ	И	Ь	Д	Л	Я	А	Щ	Д	С	Л	Я	Ь	Р	Ц	Т
К	Т	В	Р	Д	Ж	И	Я	В	Я	Д	К	Т	И	Л	А
П	Р	Ь	И	Ъ	Ы	Н	И	Ч	Ж	Ж	Н	Г	И	Ь	Г
Ц	У	К	Ш	Н	Л	К	Ъ	К	А	Р	Т	А	Ж	Ч	Х

АЭРОПОРТ
КЕМПИНГ
ФОТО
ОТЕЛЬ
ОСТРОВ
КАРТА
МОРЕ
ГОРЫ
ПАСПОРТ
РЕСТОРАН
ПЛЯЖ
ИНОСТРАНЕЦ
ТАКСИ
ДОСУГ
ПАЛАТКА
ТРАНСПОРТ
ПОЕЗД
ПРАЗДНИК
ПУТЕШЕСТВИЕ
ВИЗА

97 - Attività

И	Д	С	Х	У	Ф	Л	Д	И	Щ	Х	Р	Л	Ц	В	А
С	Е	Ъ	Ж	Д	О	Т	Е	Л	К	А	Е	О	Ы	К	Р
К	Я	А	Т	О	Т	П	Щ	Ц	Ь	Д	Л	Ф	П	Ц	С
У	Т	Ъ	И	В	О	Ш	Е	Ъ	Н	О	А	Р	Е	Ц	А
С	Е	Ы	И	О	Г	И	Р	Т	Л	Х	К	Г	Х	С	Д
С	Л	Ы	И	Л	Р	Т	Т	О	Ъ	О	С	У	А	М	О
Т	Ь	П	Г	Ь	А	Ь	Ь	Ф	Ю	Т	А	С	Р	З	В
В	Н	Л	М	С	Ф	Е	Ь	Г	Х	А	Ц	О	Т	И	О
О	О	Ю	У	Т	И	Ъ	В	Е	Щ	Ж	И	Д	А	Р	Д
Ю	С	Р	Я	В	Я	И	Г	А	М	Щ	Я	В	Н	У	С
Л	Т	А	К	И	М	А	Р	Е	К	Ж	И	К	Ц	Т	Т
М	Ь	Я	Ы	Е	Ч	Т	Е	Н	И	Е	М	И	Ы	Й	В
Т	Я	Л	В	О	Л	Я	А	Н	Б	Ы	Р	Г	Я	И	О
Ы	И	Ь	А	Л	С	Е	М	Е	Р	Р	О	Р	Ь	Ш	Е
Ш	М	Ш	Н	П	Л	Б	Ы	П	Л	Т	О	Ы	Б	Е	Ы
К	Е	М	П	И	Н	Г	Н	У	Ч	Г	Ж	Д	Е	П	А

НАВЫК
ИСКУССТВО
РЕМЕСЛА
ДЕЯТЕЛЬНОСТЬ
ОХОТА
КЕМПИНГ
КЕРАМИКА
ШИТЬЕ
ТАНЦЫ
ПЕШИЙ ТУРИЗМ
ФОТОГРАФИЯ
САДОВОДСТВО
ИГРЫ
ЧТЕНИЕ
МАГИЯ
РЫБНАЯ ЛОВЛЯ
УДОВОЛЬСТВИЕ
ЗАГАДКИ
РЕЛАКСАЦИЯ
ДОСУГ

98 - Diplomazia

В	У	Ш	У	П	О	Л	И	Т	И	К	А	Э	Ь	Г	С
Д	О	Г	О	В	О	Р	Х	А	Д	Щ	Г	Т	Ь	Р	О
Г	У	М	А	Н	И	Т	А	Р	Н	Ы	Й	И	В	А	О
Г	Р	А	Ж	Д	А	Н	Е	М	Т	Н	Ц	К	Ц	Ж	Б
П	О	С	О	Л	Ь	С	Т	В	О	Ж	Г	А	Е	Д	Щ
О	В	Т	С	Ь	Л	Е	Т	И	В	А	Р	П	Л	А	Е
М	Б	Я	Р	Е	З	О	Л	Ю	Ц	И	Я	Ф	О	Н	С
Ь	Т	С	О	Н	С	А	П	О	З	Е	Б	П	С	С	Т
К	Ж	Ш	У	К	А	М	П	А	Н	И	И	Ь	Т	К	В
П	О	П	Р	Ж	Ъ	К	О	Н	Р	Ю	Е	П	Н	И	О
Ь	О	Н	Е	Т	Д	Г	Т	В	Ь	В	К	Ш	О	Й	Д
Д	Р	С	Ф	Ъ	Ш	Е	И	Н	Е	Ш	Е	Р	С	Х	Я
Л	Д	М	О	Л	К	И	Н	Т	Е	В	О	С	Т	О	Ю
Ъ	Ц	Ж	О	Л	И	Р	Ш	И	К	Ы	З	Я	Ь	В	О
В	Х	С	У	Е	Р	К	Ш	Д	Е	Н	И	В	Ш	А	Д
Л	Й	Ы	Н	Н	А	Р	Т	С	О	Н	И	П	Д	Ъ	Б

ПОСОЛЬСТВО
ПОСОЛ
КАМПАНИИ
ГРАЖДАНЕ
ГРАЖДАНСКИЙ
СООБЩЕСТВО
КОНФЛИКТ
СОВЕТНИК
ОБСУЖДЕНИЕ
ЭТИКА

ПРАВИТЕЛЬСТВО
ЦЕЛОСТНОСТЬ
ЯЗЫКИ
ПОЛИТИКА
РЕЗОЛЮЦИЯ
БЕЗОПАСНОСТЬ
РЕШЕНИЕ
ИНОСТРАННЫЙ
ДОГОВОР
ГУМАНИТАРНЫЙ

99 - Forniture Artistiche

М	В	Щ	Е	Т	К	И	Г	С	Р	Е	Г	Я	С	Я	К
А	О	О	Щ	Н	Й	Е	Л	К	Ж	П	Л	У	Т	С	А
Ф	Л	Л	Д	Ы	Д	Д	Р	Я	Ъ	Б	И	О	Ь	Ц	Р
Е	С	У	Ь	А	Ы	И	Ъ	Д	К	О	Н	Х	Т	Ъ	А
Е	А	И	Л	Б	Е	Я	Щ	Л	О	Ц	А	Ы	С	С	Н
Л	М	Ч	О	Ч	Е	Ц	В	Е	Т	А	Т	Щ	О	А	Д
Е	А	Е	Г	Ж	Е	Р	Б	У	М	А	Г	А	Н	К	А
А	Ф	Р	У	С	Ю	Е	Т	Ъ	У	Р	И	Я	В	Р	Ш
К	Я	Н	У	Ш	Ц	Д	У	Д	С	Е	Р	Ю	И	И	И
В	Х	И	Л	Е	Т	С	А	П	Х	М	К	Ч	Т	Л	И
А	У	Л	Щ	А	Ф	Х	Г	Т	В	А	Я	Ь	А	О	Ъ
Р	А	А	Ъ	Ч	Щ	Е	В	Б	Ъ	К	Ф	П	Е	В	Ц
Е	Л	А	С	Т	И	К	Д	Ц	П	Ф	Ж	И	Р	Ы	Т
Л	Ш	Д	Ш	Щ	Ф	Л	Я	А	Ю	В	Б	Ъ	К	Й	Я
И	Ы	М	Е	О	Е	П	Ы	Ч	Т	Т	К	Е	Д	Ь	Щ
Ю	И	Ю	Б	Ш	Р	П	Л	О	Ц	Т	Ш	Ф	Р	Х	Ъ

ВОДА
АКВАРЕЛИ
АКРИЛОВЫЙ
ГЛИНА
УГОЛЬ
БУМАГА
МОЛЬБЕРТ
КЛЕЙ
ЦВЕТА
КРЕАТИВНОСТЬ
ЛАСТИК
ИДЕИ
ЧЕРНИЛА
КАРАНДАШИ
МАСЛО
ПАСТЕЛИ
СТУЛ
ЩЕТКИ
СТОЛ
КАМЕРА

100 - Misurazioni

С	А	Н	Т	И	М	Е	Т	Р	Р	С	Ь	К	В	К	Д
Г	Ъ	О	П	Ф	Е	Ч	И	Ш	Х	Ш	В	Ч	Г	И	Е
Р	У	Х	Ф	Н	Р	Я	Н	Щ	Б	Я	А	Н	И	Л	Д
А	П	Ж	Ж	И	Т	Ш	А	М	Й	Ю	Д	Я	А	О	Е
М	К	Т	Ч	Л	Ь	Ы	М	М	Ц	К	Ь	Щ	М	М	С
М	И	Г	М	И	Н	У	Т	А	Т	О	С	Ы	В	Е	Я
У	Ж	В	Е	С	Е	О	Й	Р	У	Х	Г	Щ	Ж	Т	Т
Ы	Х	Е	Б	К	П	И	А	Г	Н	Н	Е	Ъ	Ц	Р	И
Е	Н	Ц	Т	М	Е	Ъ	Б	О	П	Л	Ц	Ю	Ф	Ы	Ч
О	Ч	Ъ	О	У	Т	Д	Ъ	Л	О	Б	П	И	Ю	Я	Н
Д	Ь	М	Н	О	С	Р	О	И	Ю	Р	Е	И	Я	О	Ы
Ж	Л	Т	Н	А	М	Ы	Ю	К	Л	Ф	Я	Ы	Н	Р	Й
Ч	И	Л	А	Н	И	Р	И	Ш	Ь	Е	Ж	Ф	У	Т	Я
М	Ш	Р	Л	Е	Ж	Т	Н	Ж	В	К	Г	Ы	Ч	Е	А
Ц	Х	Я	Х	Г	П	И	И	Е	Т	Ж	Ф	Г	Т	М	У
Н	Е	А	И	Е	Г	Л	У	Б	И	Н	А	Ж	Ъ	Ю	Т

ВЫСОТА
БАЙТ
САНТИМЕТР
КИЛОГРАММ
КИЛОМЕТР
ДЕСЯТИЧНЫЙ
СТЕПЕНЬ
ГРАММ
ШИРИНА
ЛИТР
ДЛИНА
МЕТР
МИНУТА
УНЦИЯ
ВЕС
ПИНТА
ДЮЙМ
ГЛУБИНА
ТОННА
ОБЪЕМ

1 - Scacchi

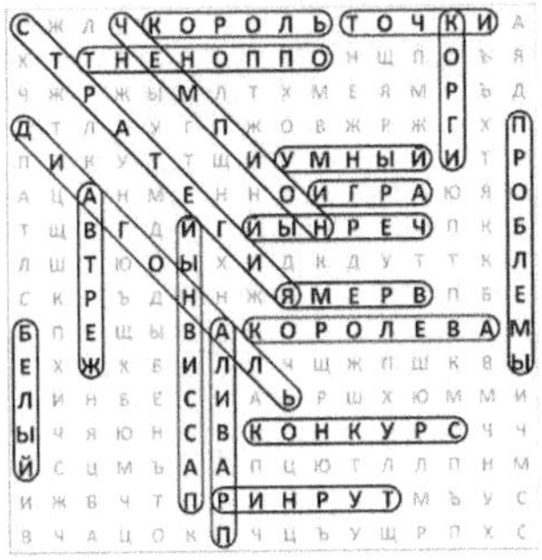

2 - Salute e Benessere #2

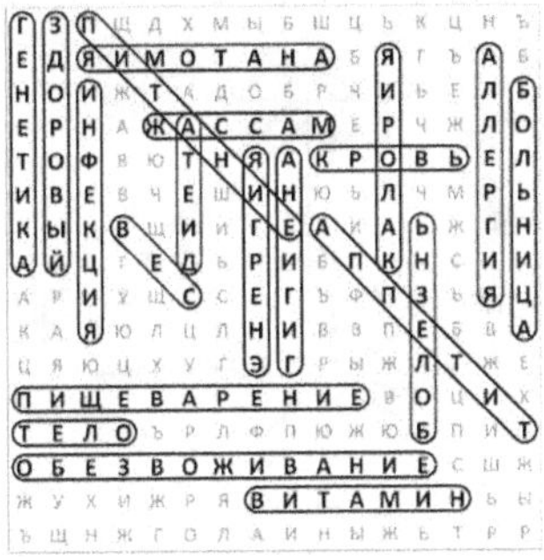

3 - Aggettivi #2

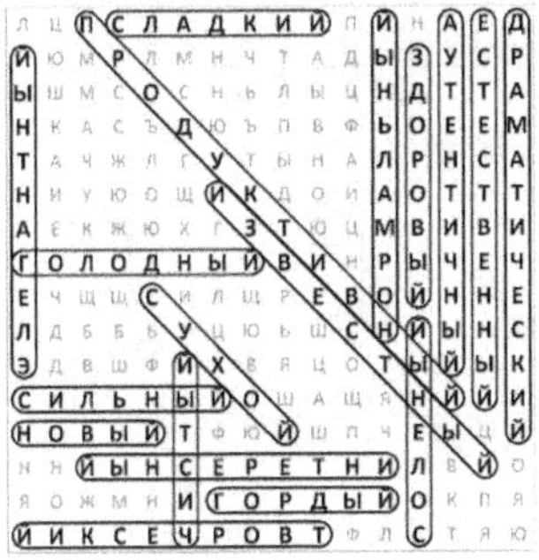

4 - Pesca

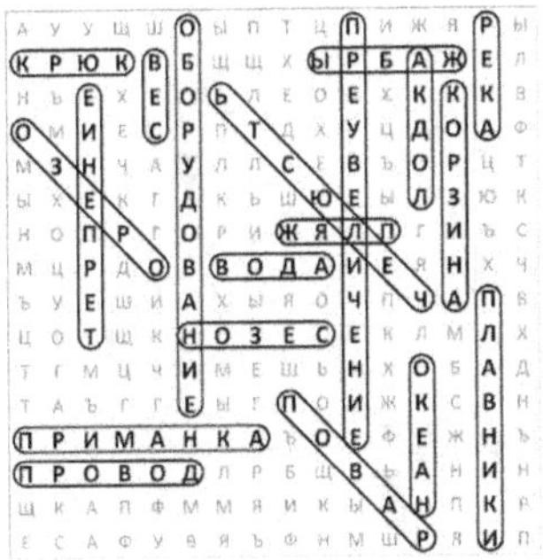

5 - Ingegneria

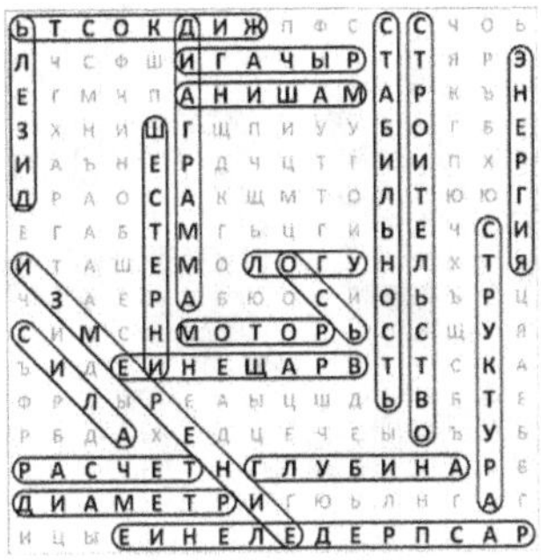

6 - Archeologia

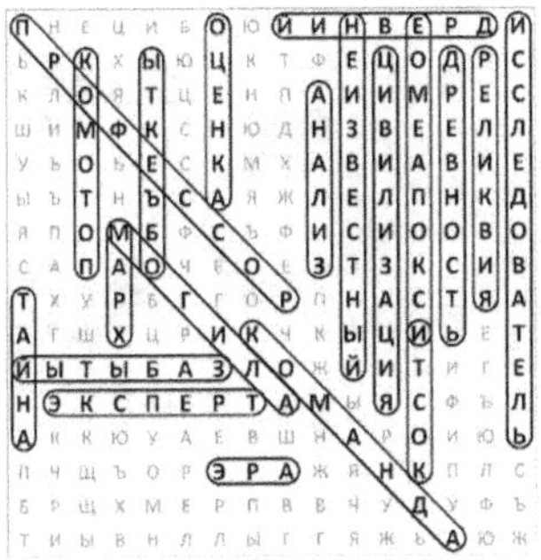

7 - Salute e Benessere #1

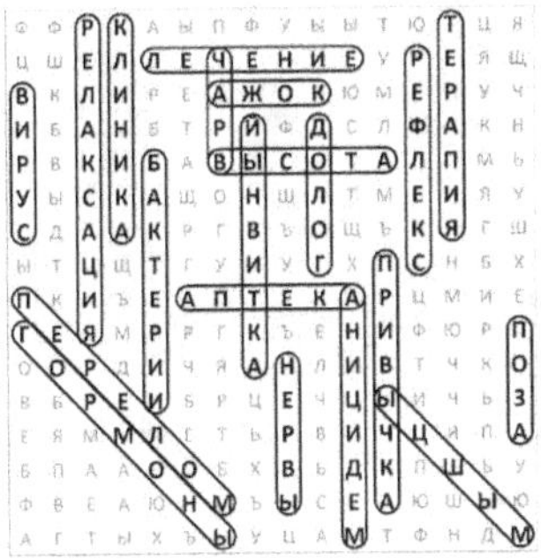

8 - Aggettivi #1

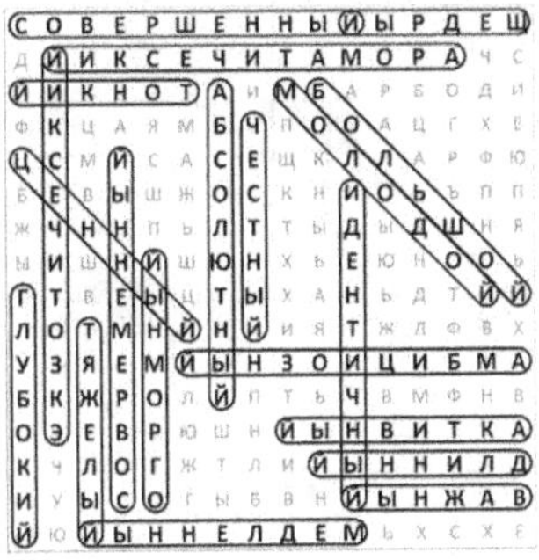

9 - Geologia

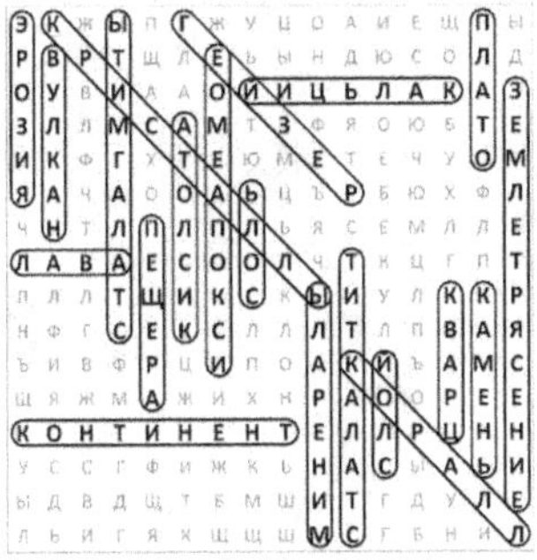

10 - Campeggio

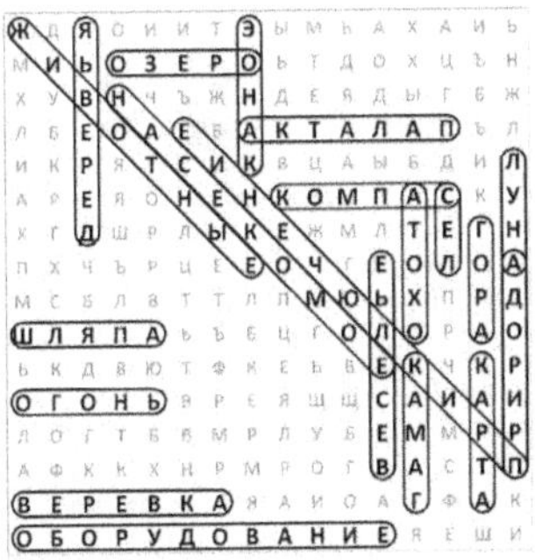

11 - Arti Visive

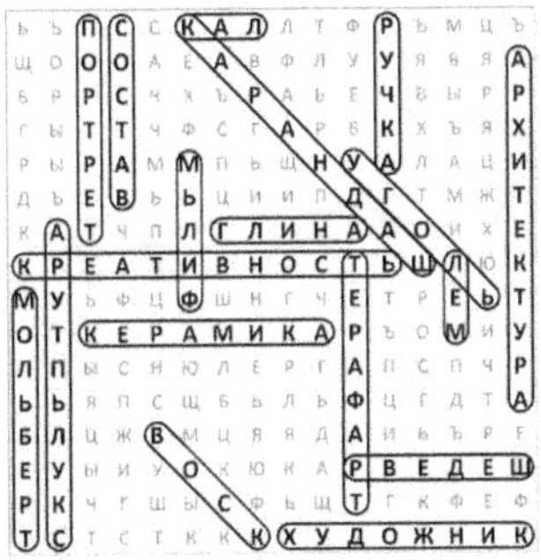

12 - Tempo

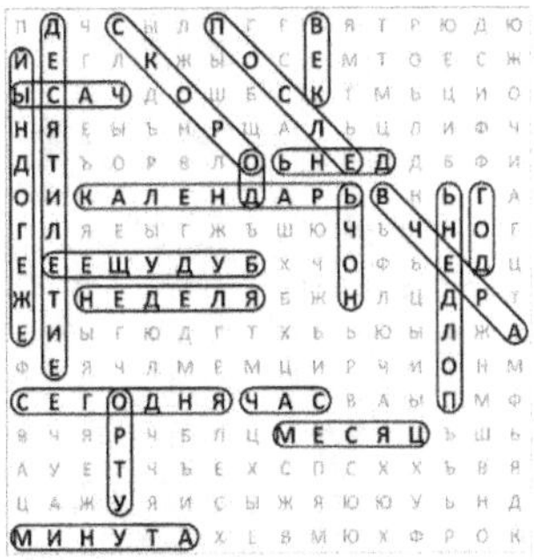

13 - Astronomia

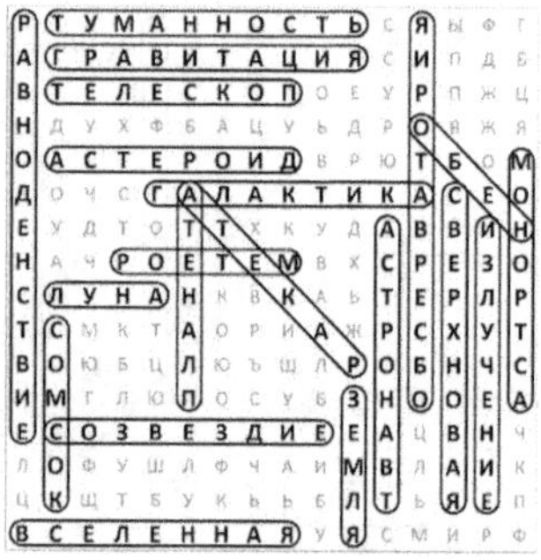

14 - Algebra

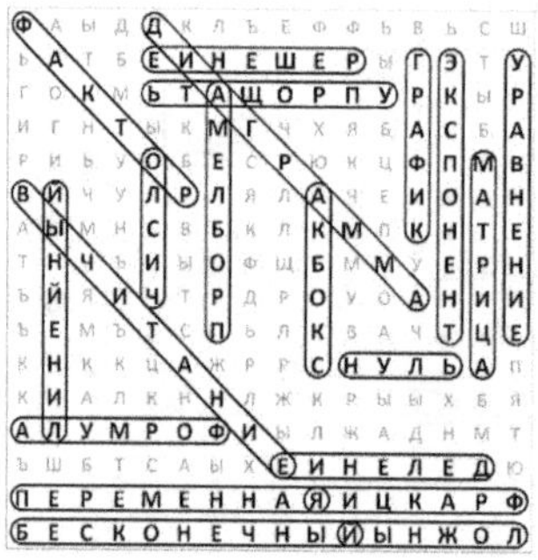

15 - Mitologia

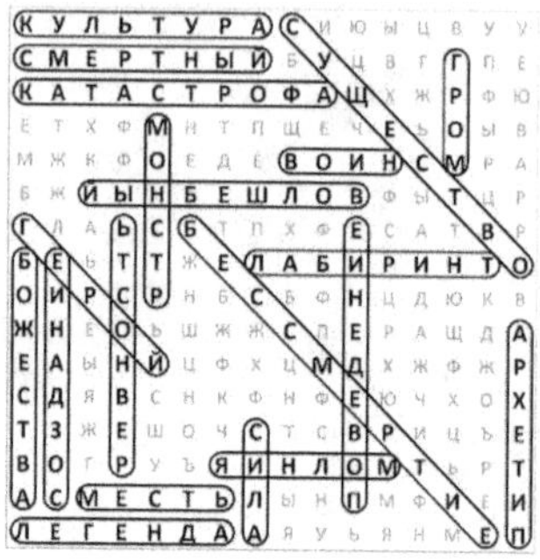

16 - Piante

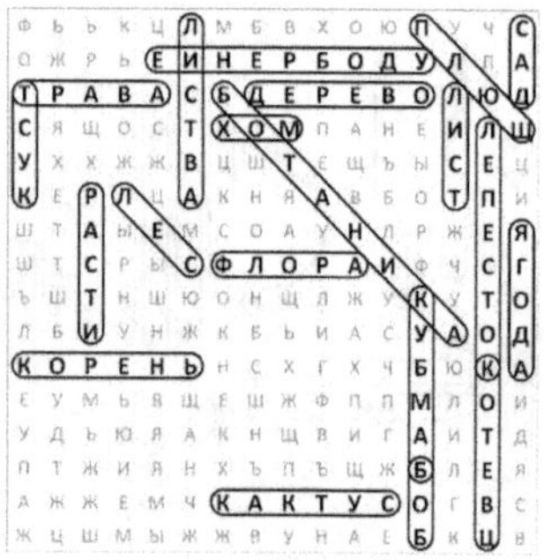

17 - Spezie

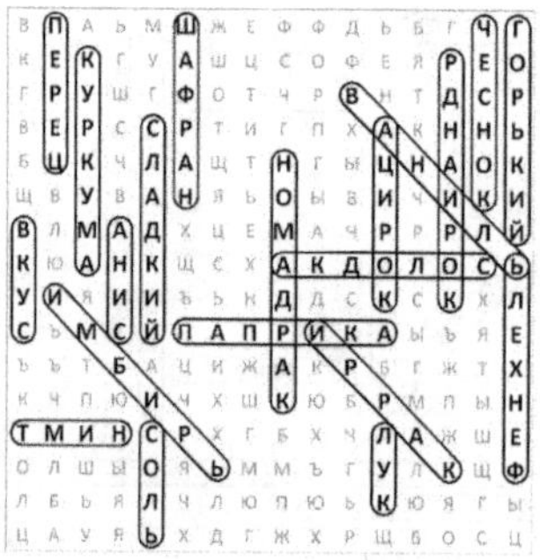

18 - Numeri

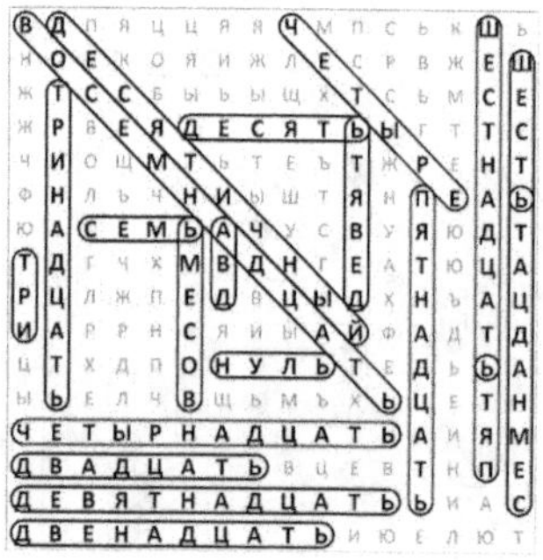

19 - Cioccolato

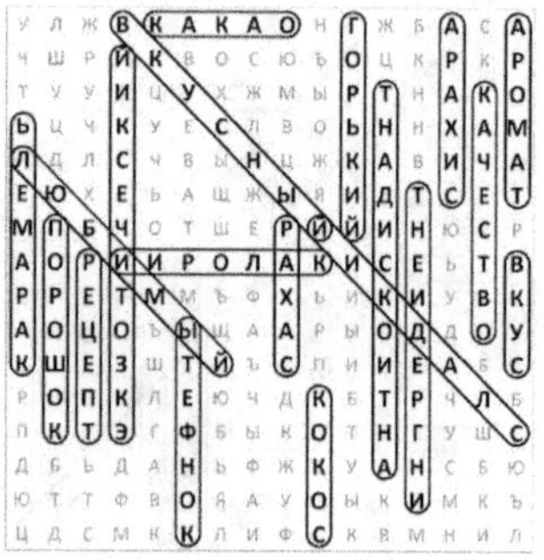

20 - Immigrazione

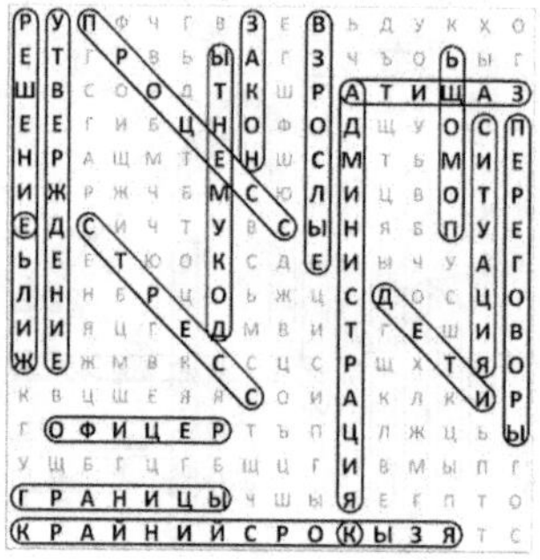

21 - Guida

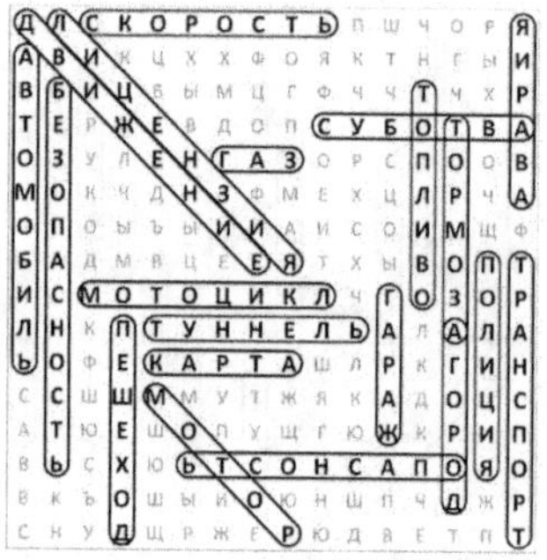

22 - Forza e Gravità

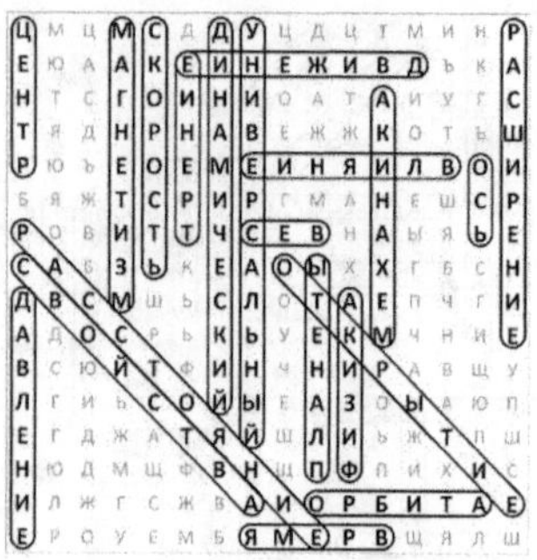

23 - Sport

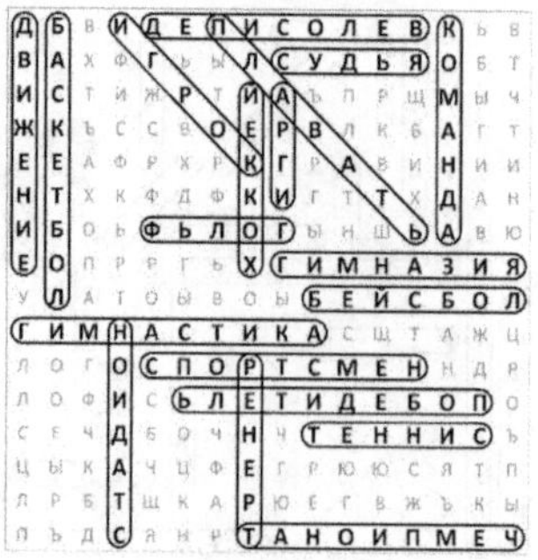

24 - Caffè

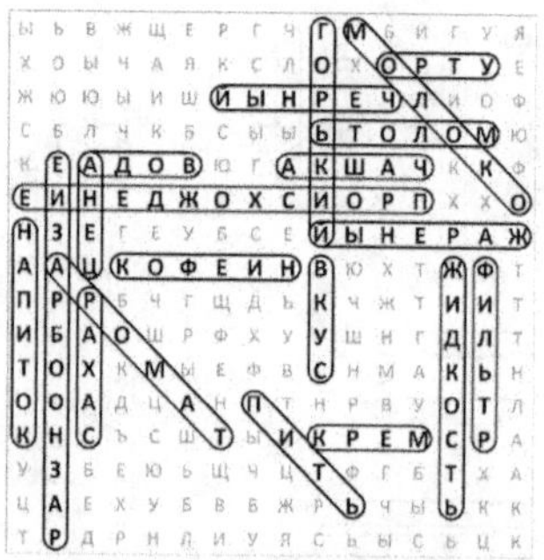

25 - Uccelli

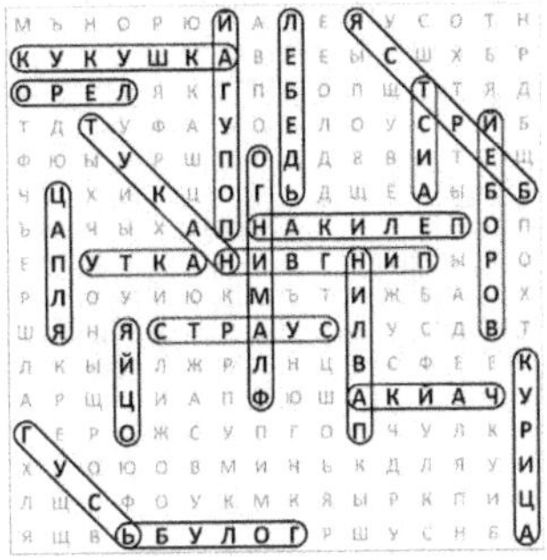

26 - Giorni e Mesi

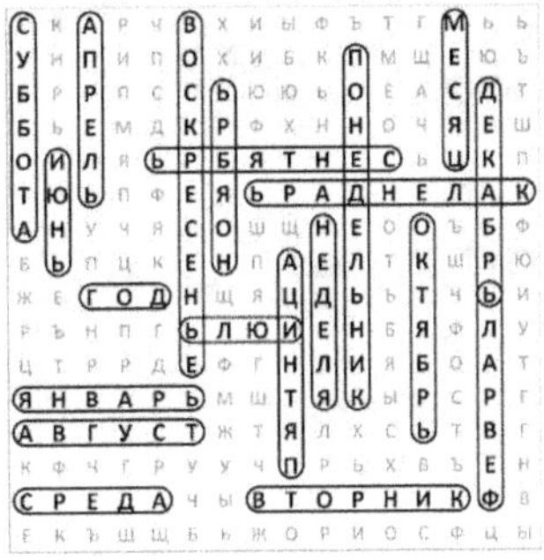

27 - Casa

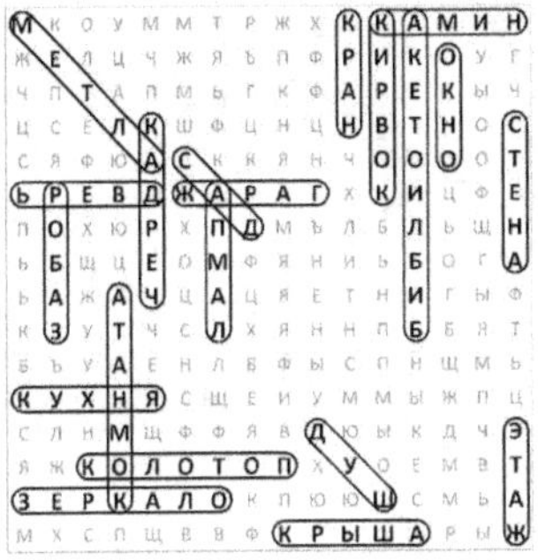

28 - Fantascienza

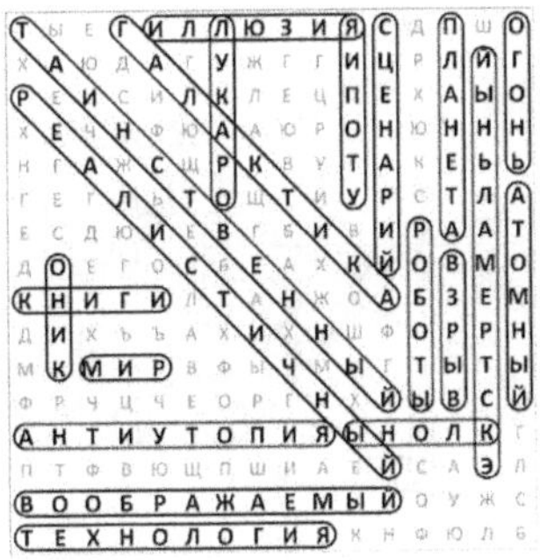

29 - Città

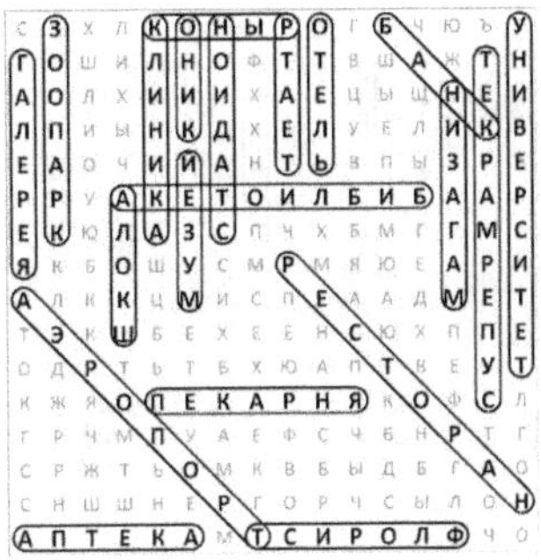

30 - Fattoria #1

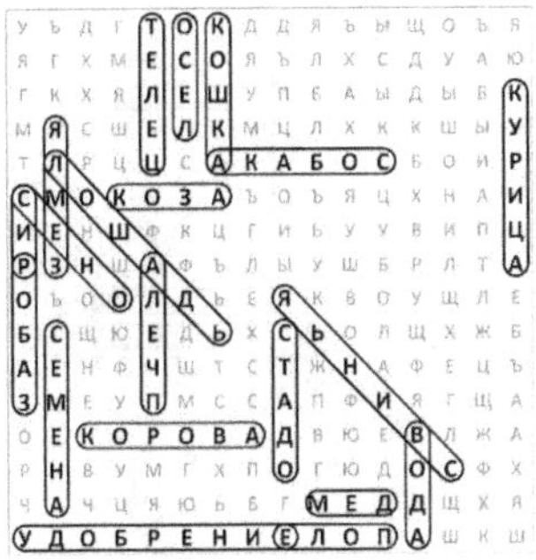

31 - Psicologia

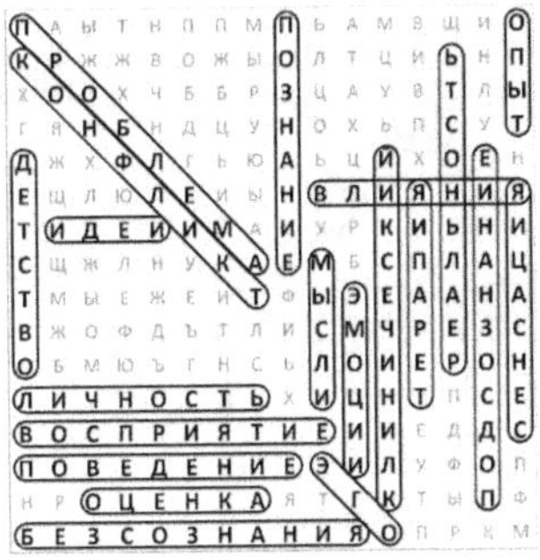

32 - Paesaggi

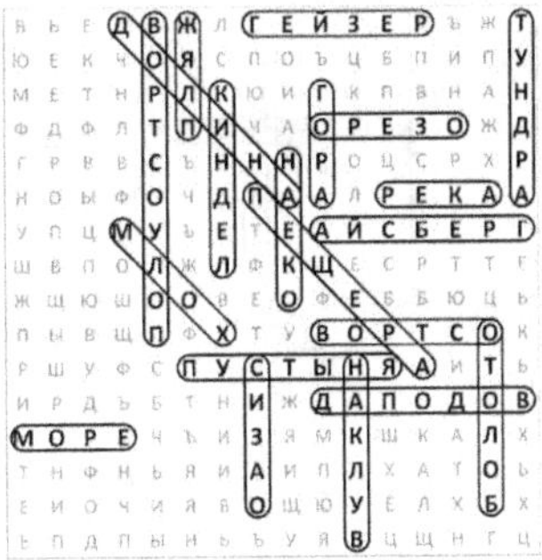

33 - Ristorante #2

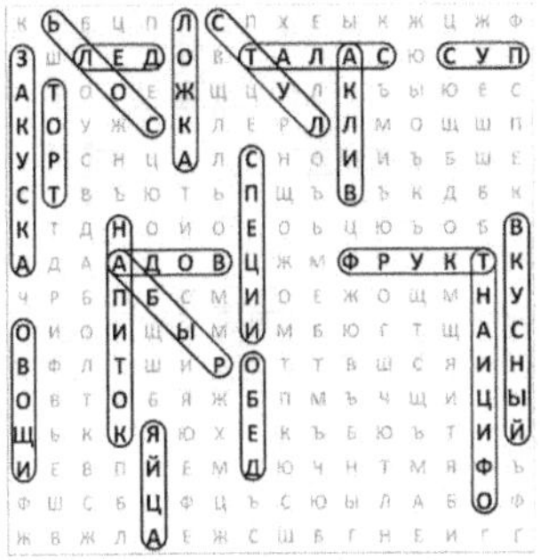

34 - Moda

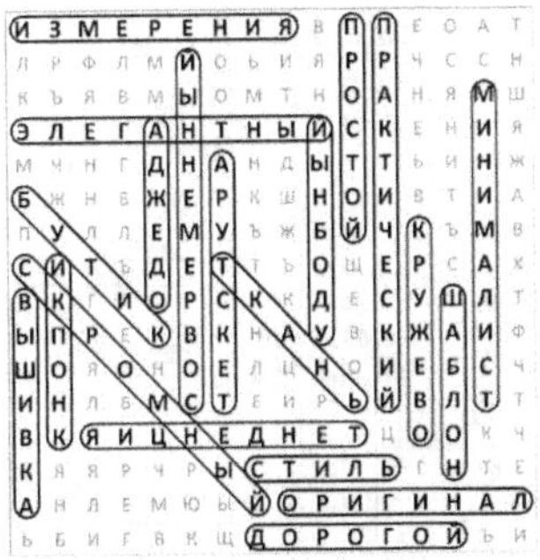

35 - Giardino

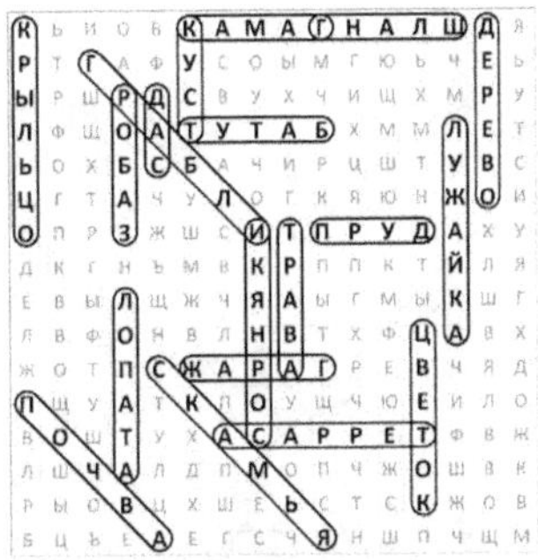

36 - Riscaldamento Gl

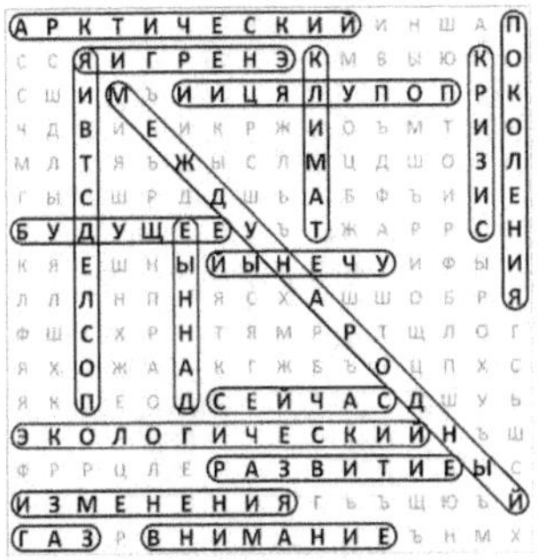

37 - Frutta

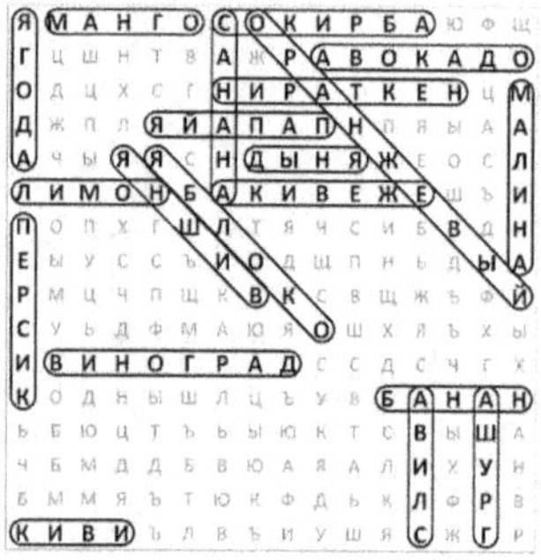

38 - Fattoria #2

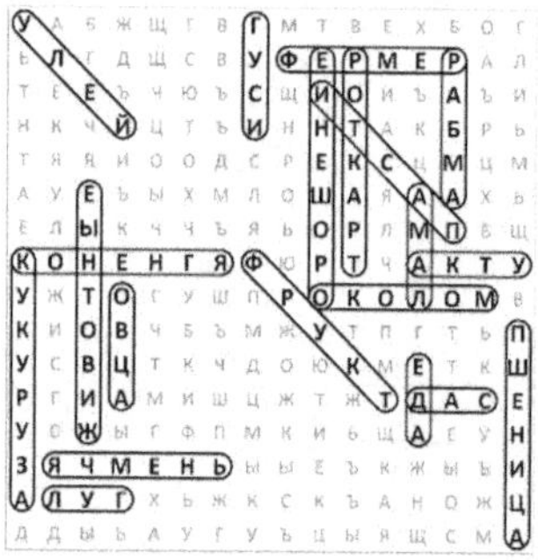

39 - Verdure

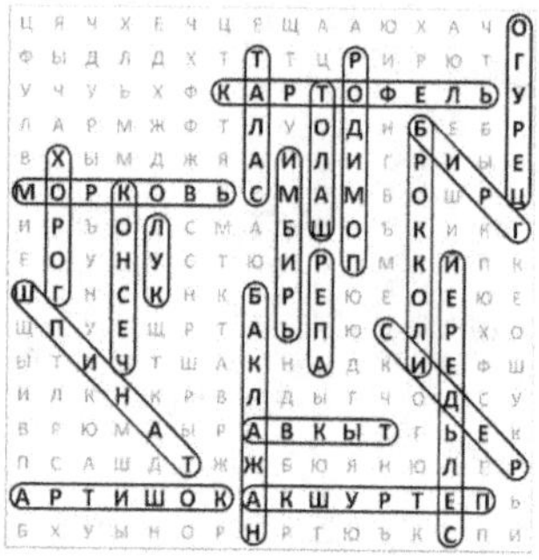

40 - Musica

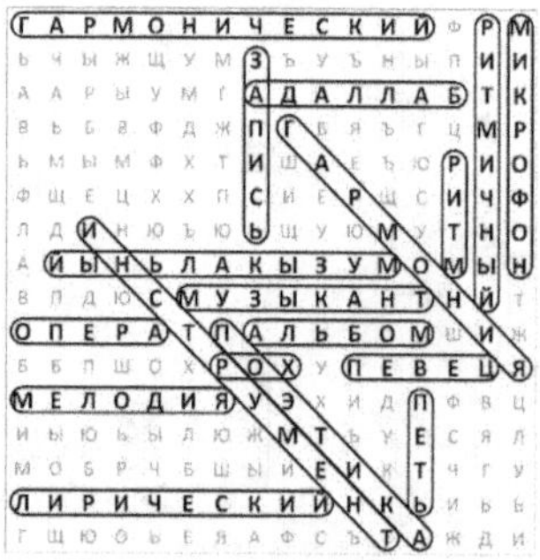

41 - Barbecue

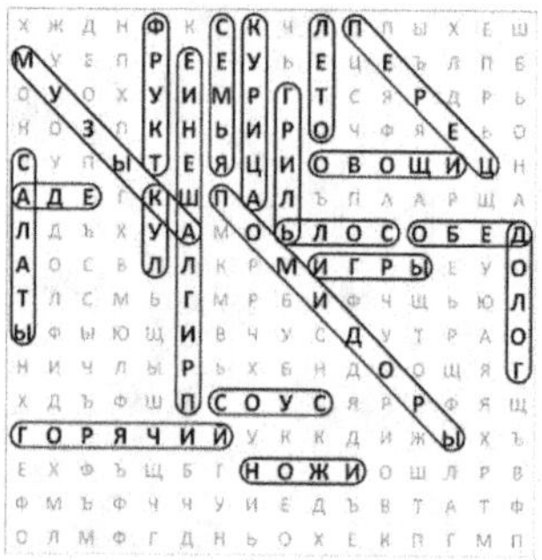

42 - Insetti

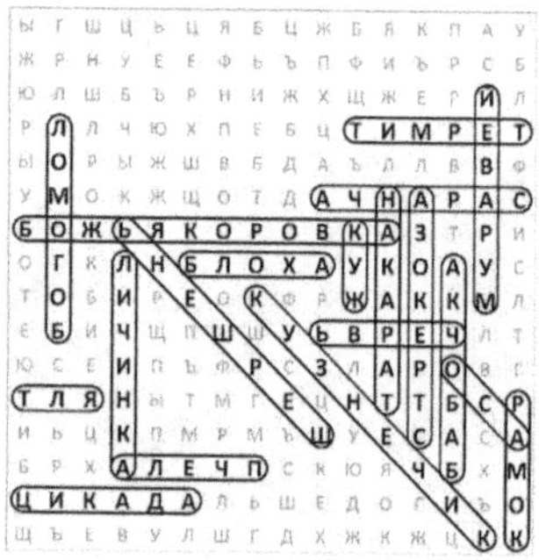

43 - Fisica

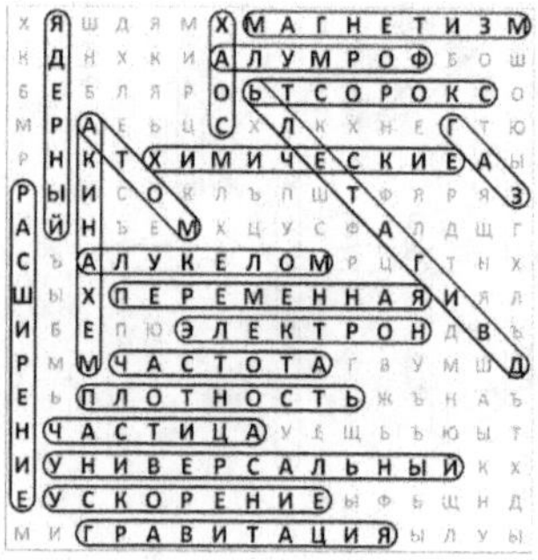

44 - Agronomia

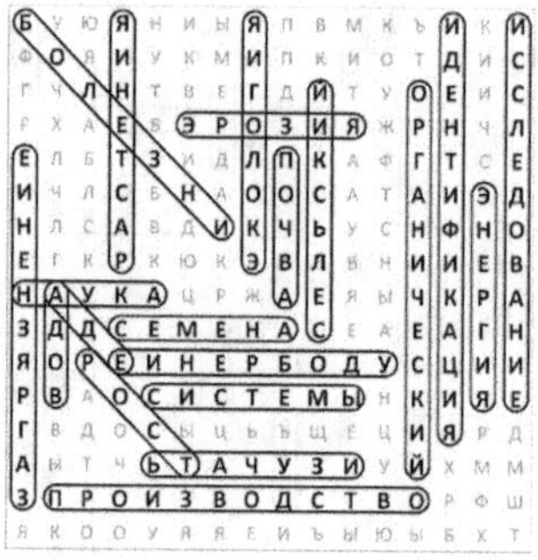

45 - Erboristeria

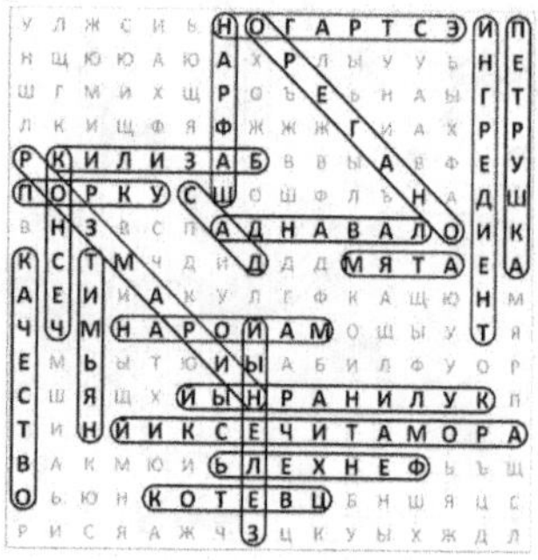

46 - Danza

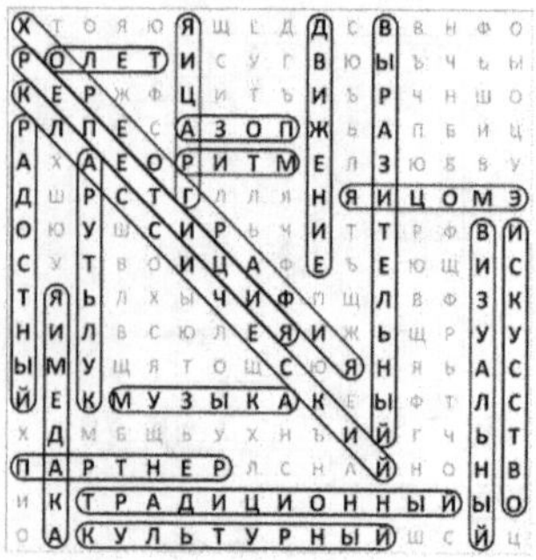

47 - Biologia

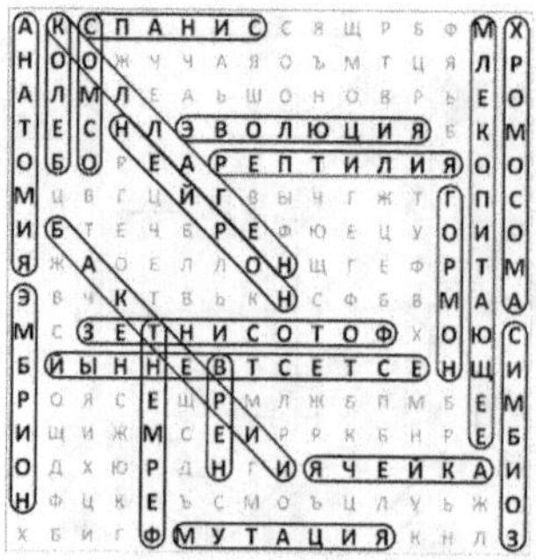

48 - Attività Commerciale

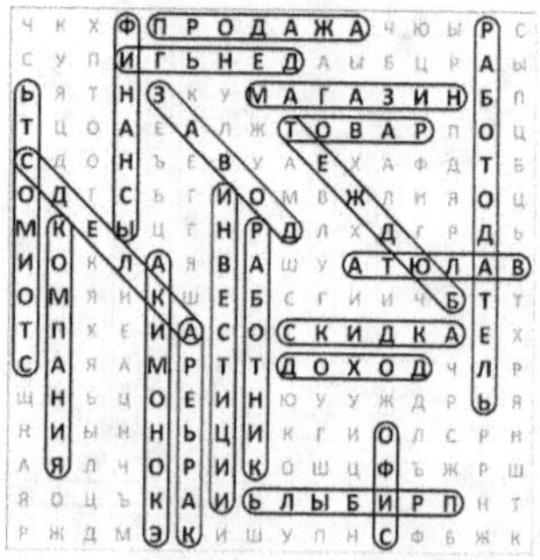

49 - Fiori

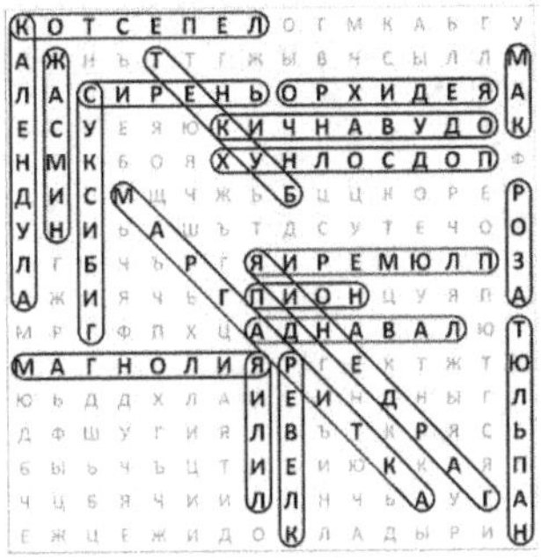

50 - Filantropia

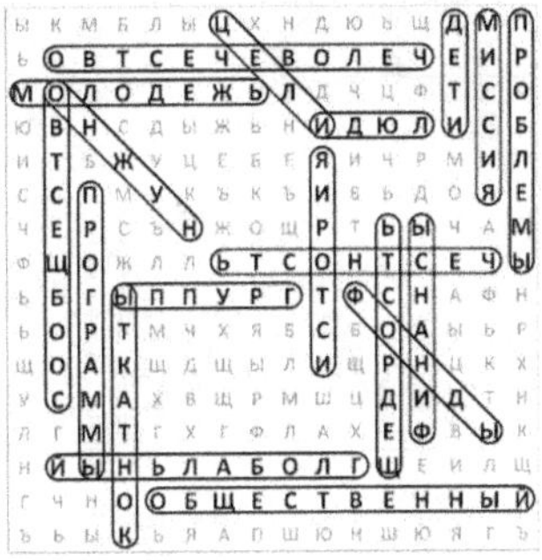

51 - Discipline Scientifiche

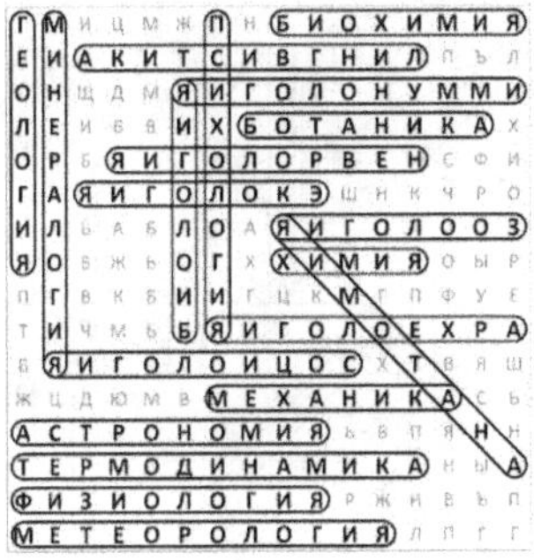

52 - Scienza

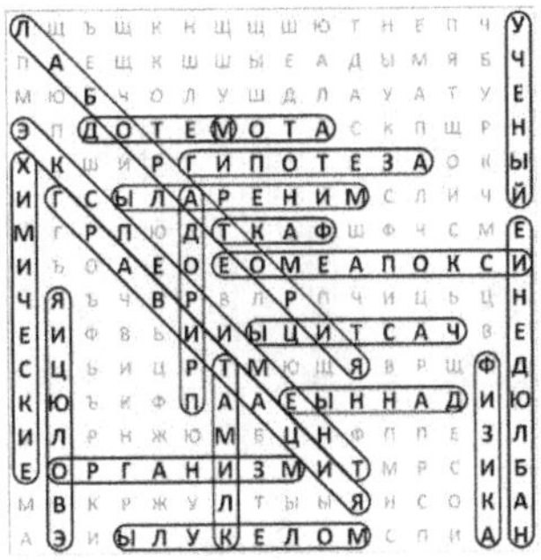

53 - Imbarcazioni

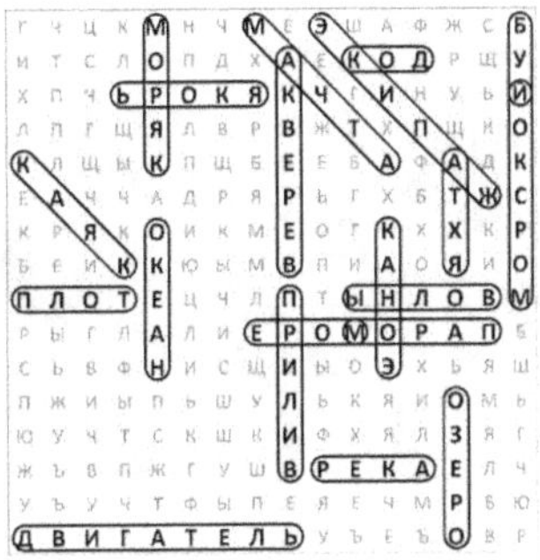

54 - Chimica

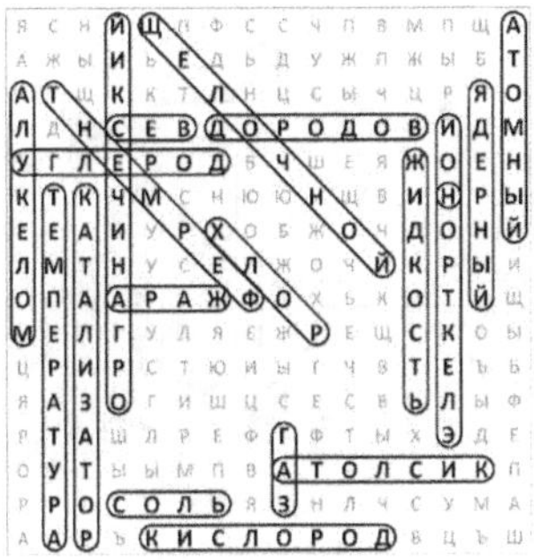

55 - Api

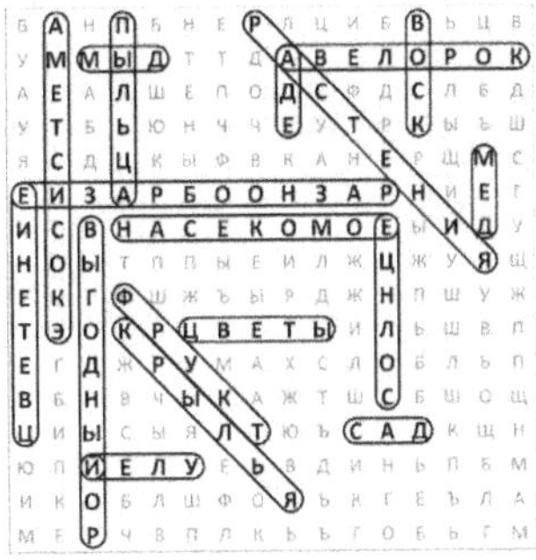

56 - Strumenti Musicali

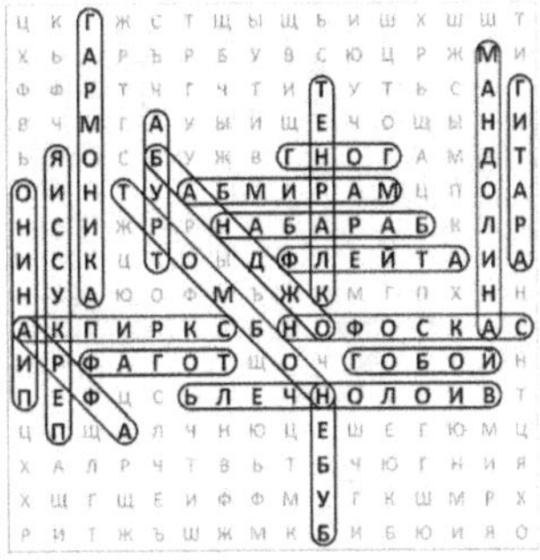

57 - Professioni #2

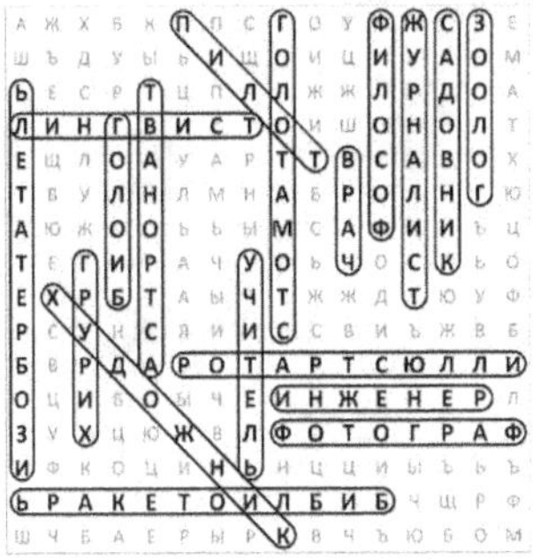

58 - Letteratura

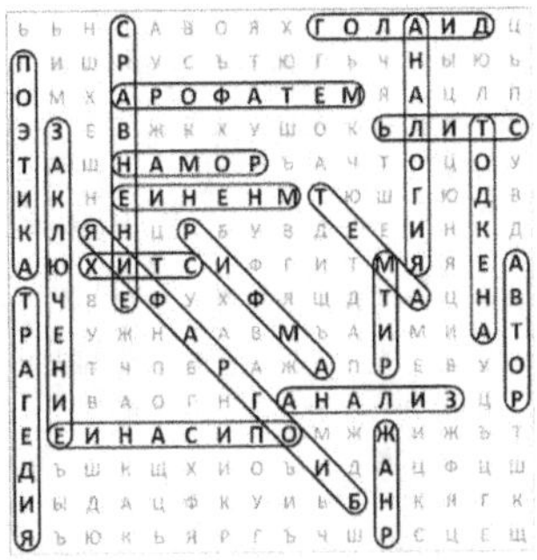

59 - Cibo #2

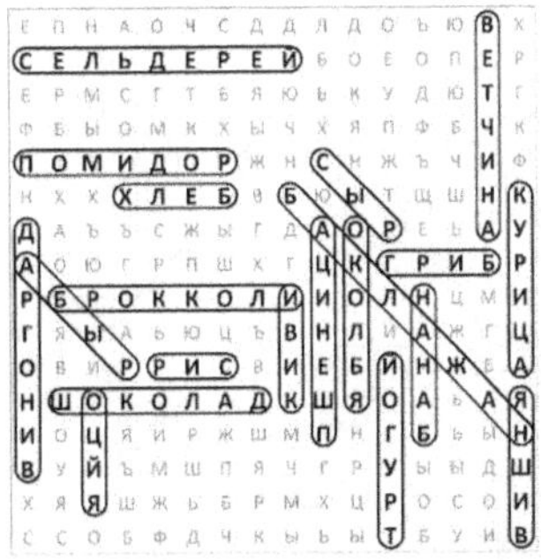

60 - Nutrizione

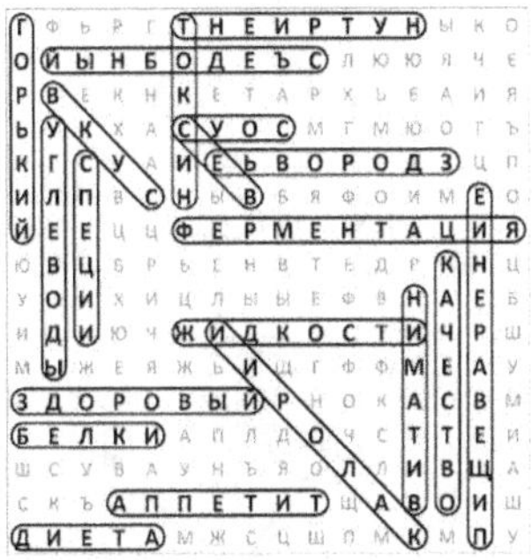

61 - Matematica

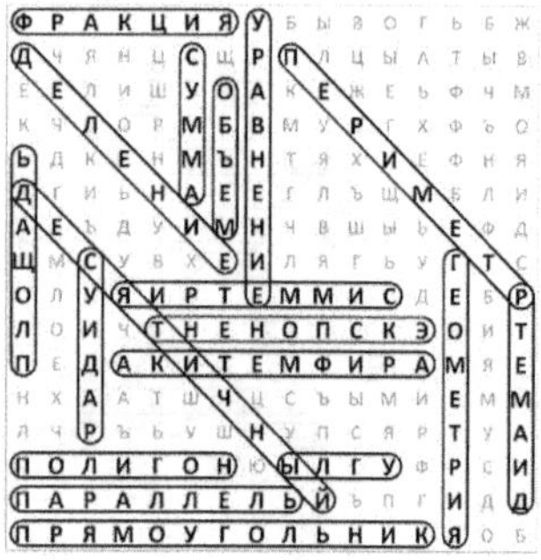

62 - Meditazione

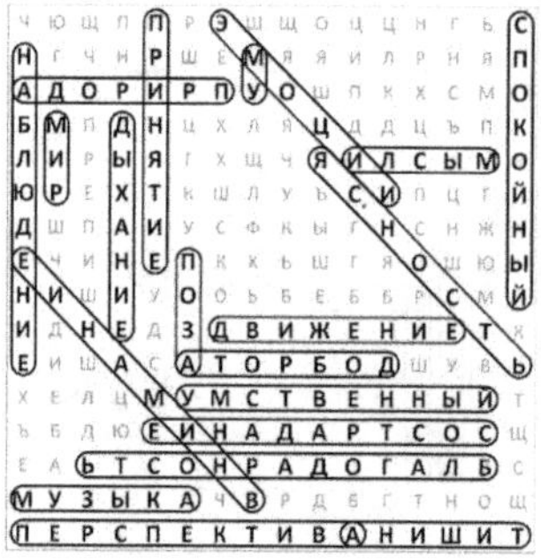

63 - Elettricità

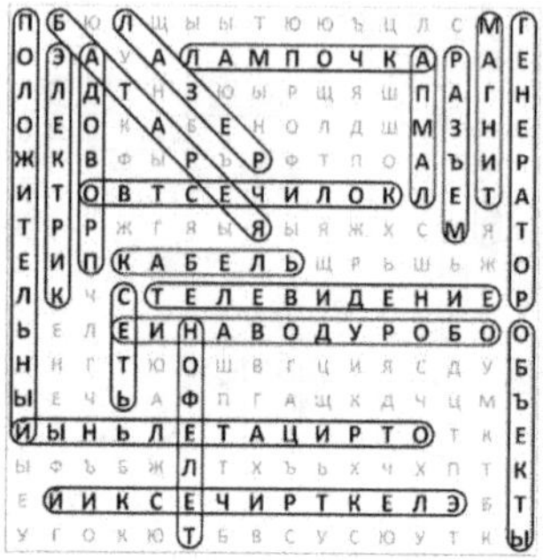

64 - Antiquariato

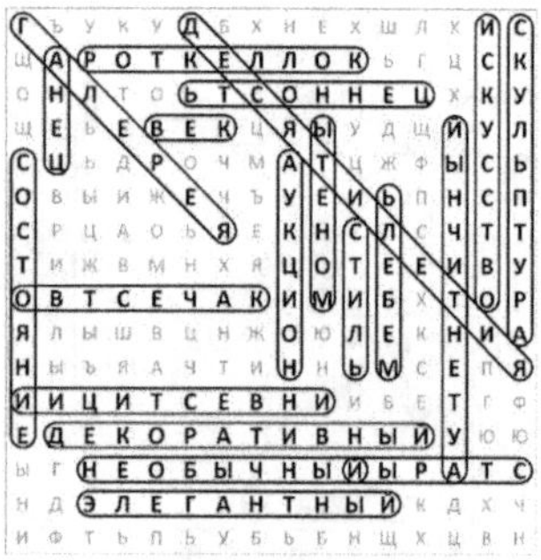

65 - Escursionismo

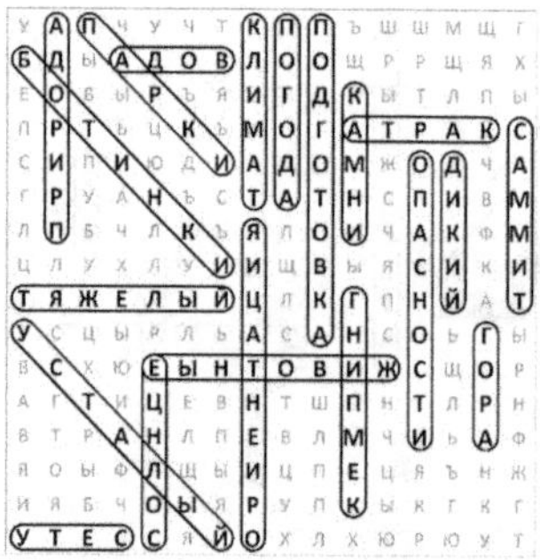

66 - Professioni #1

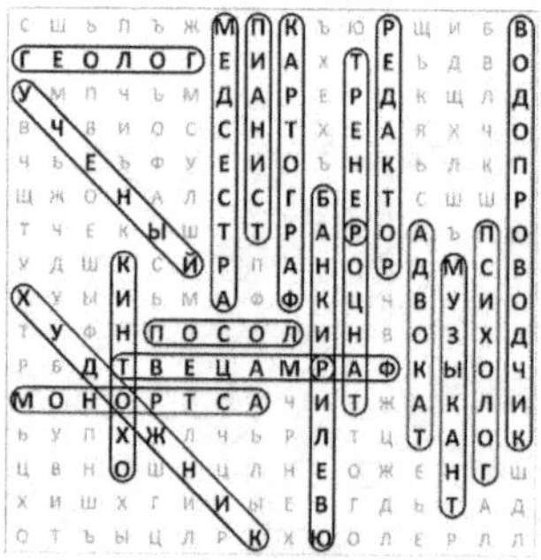

67 - Antartide

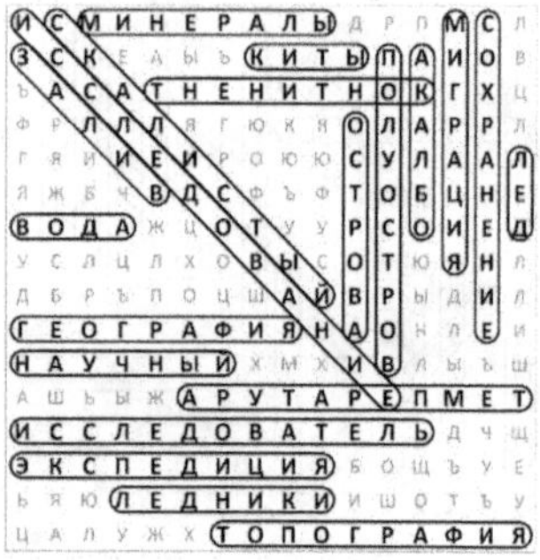

68 - Libri

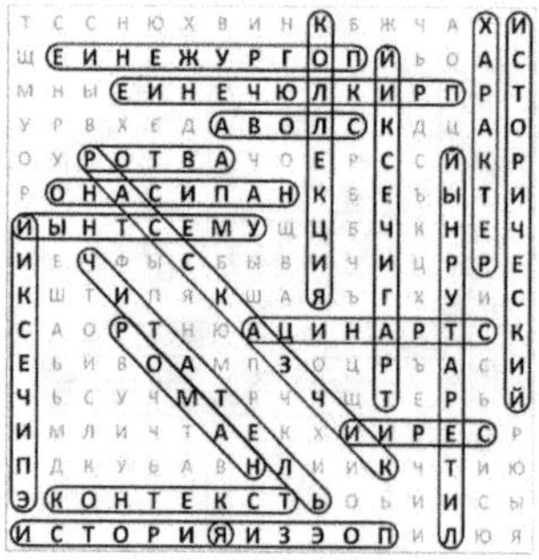

69 - Geografia

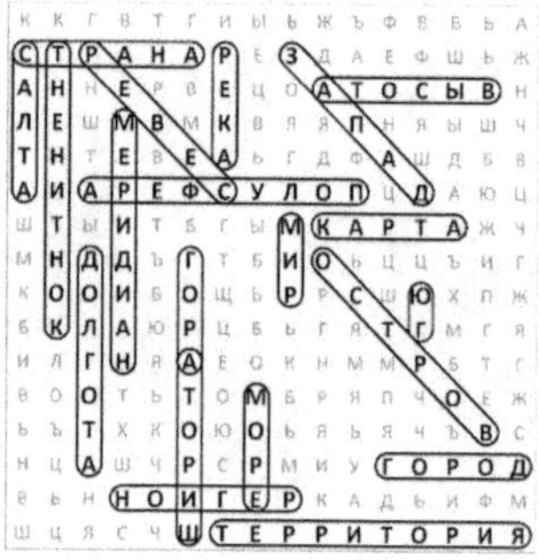

70 - Cibo #1

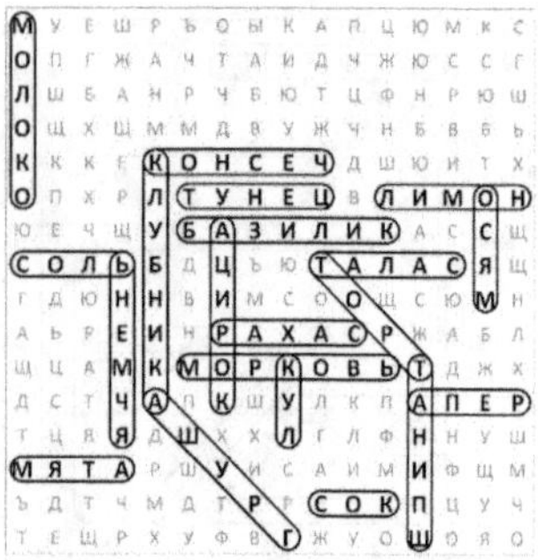

71 - Aeroplani

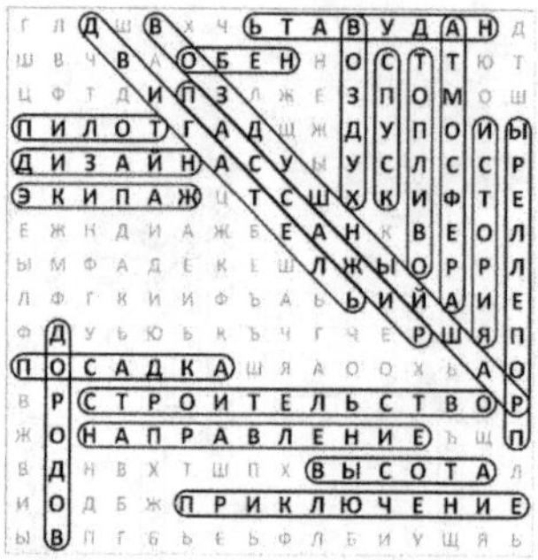

72 - Governo

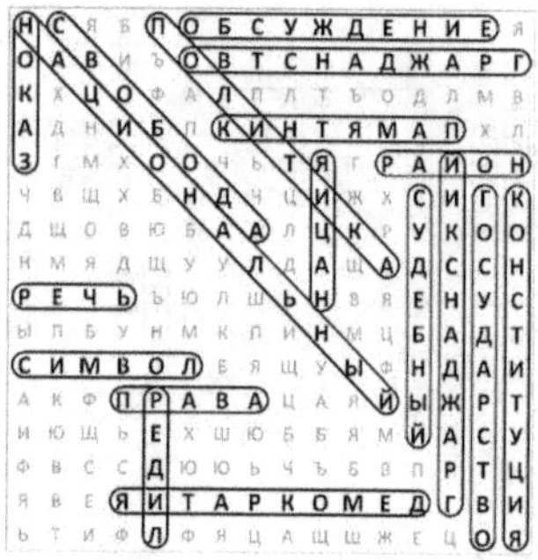

73 - Bellezza

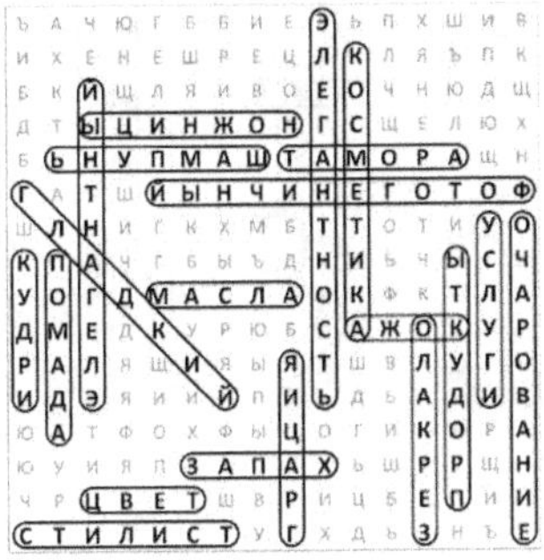

74 - Avventura

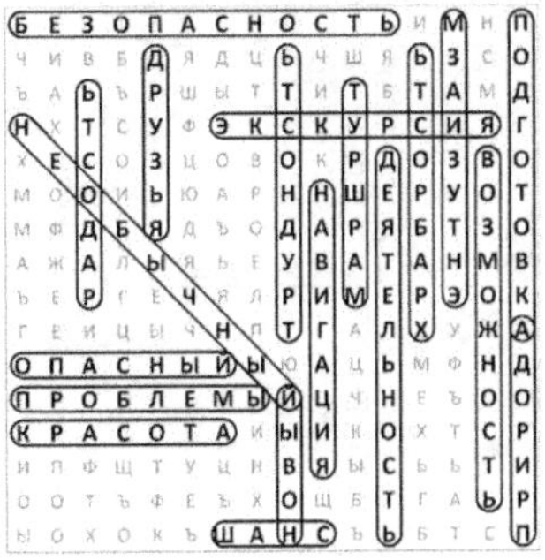

75 - Forme

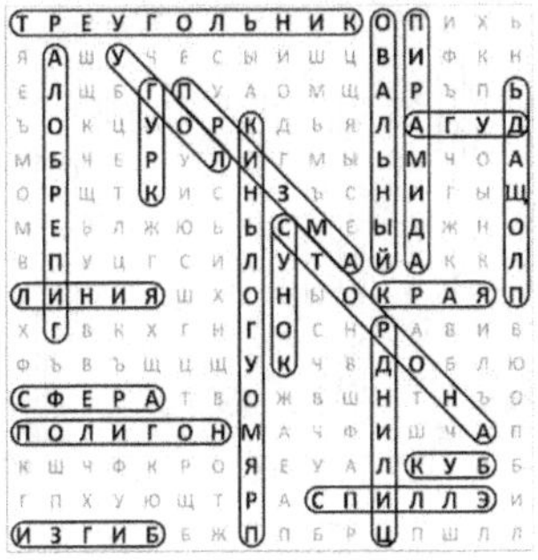

76 - Oceano

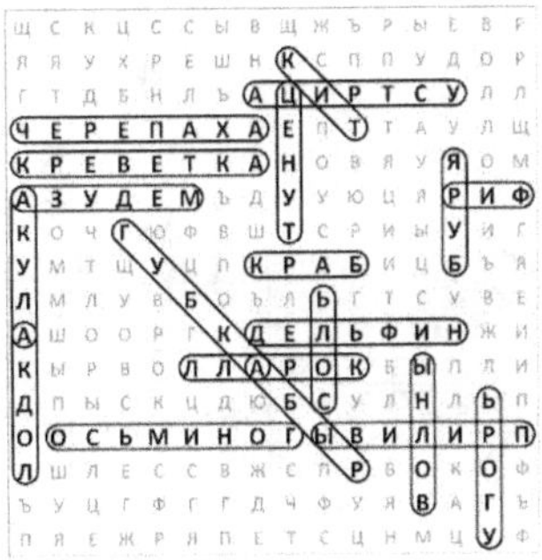

77 - Famiglia

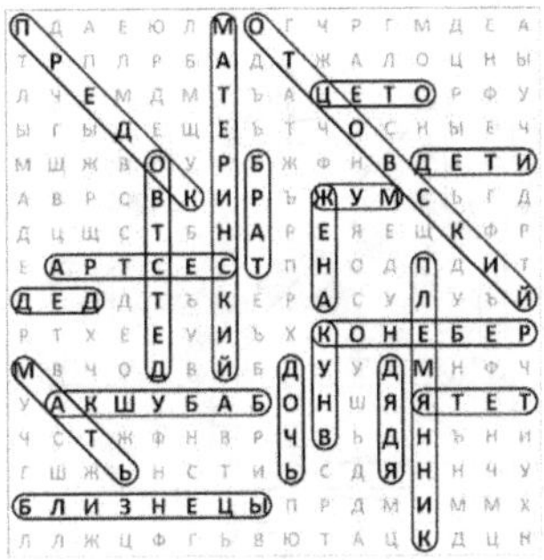

78 - Veicoli

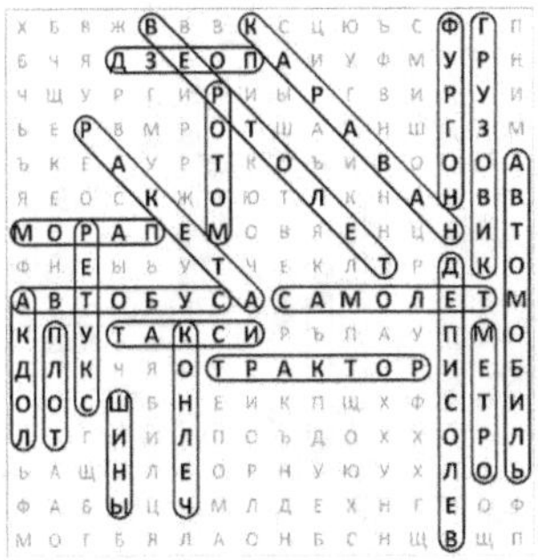

79 - Emozioni

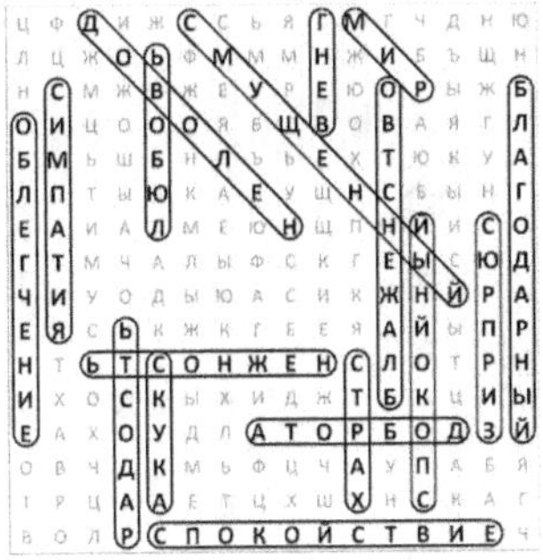

80 - Natura

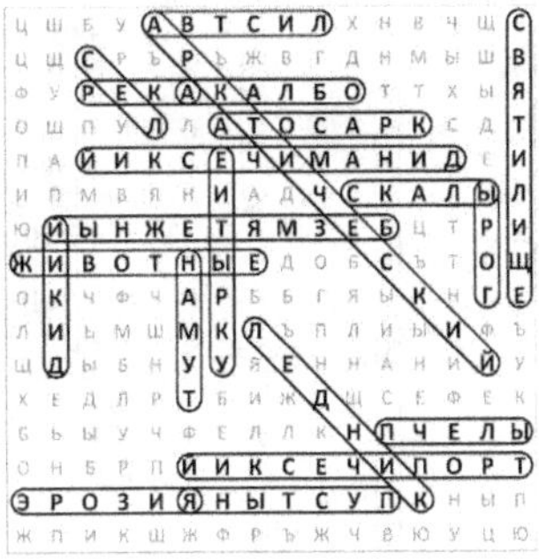

81 - Balletto

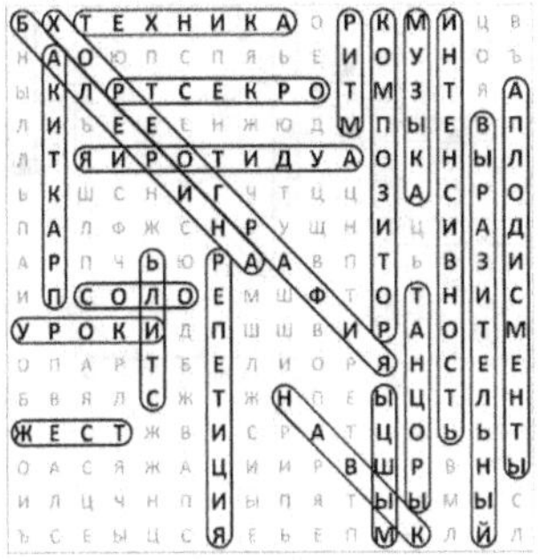

82 - Paesi #1

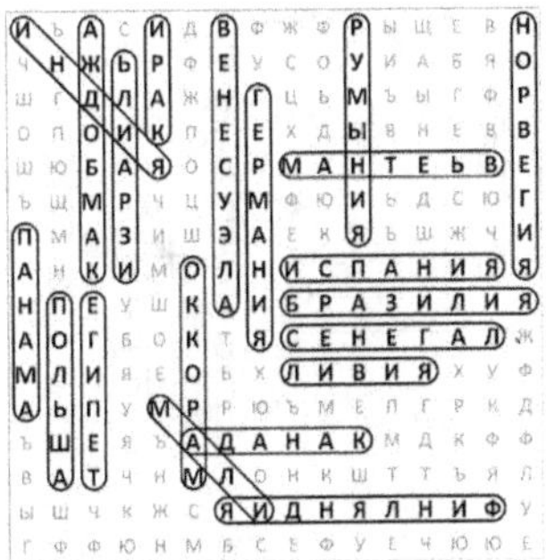

83 - Geometria

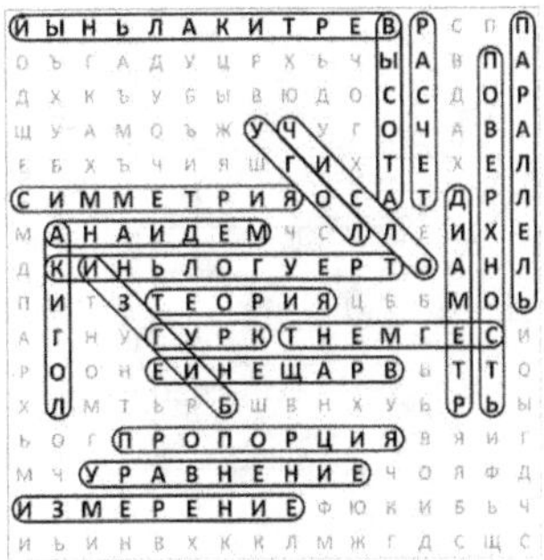

84 - Edifici

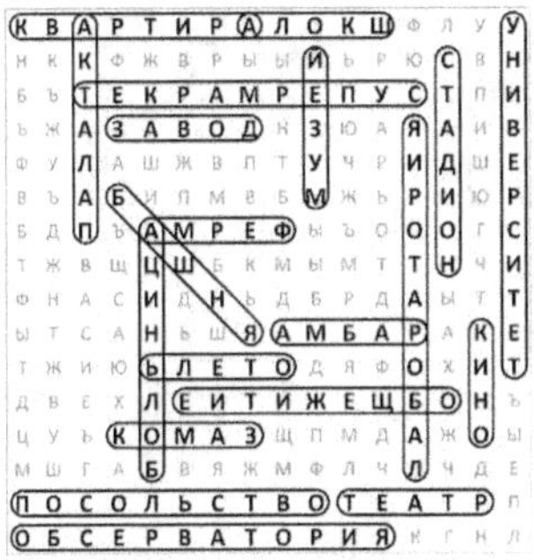

85 - Malattia

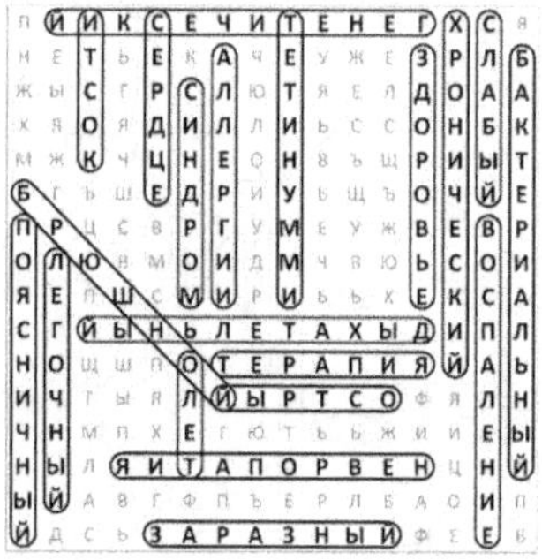

86 - Paesi #2

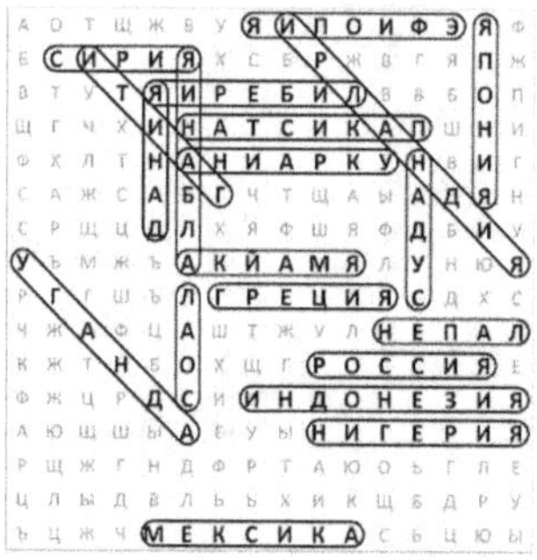

87 - Tipi di Capelli

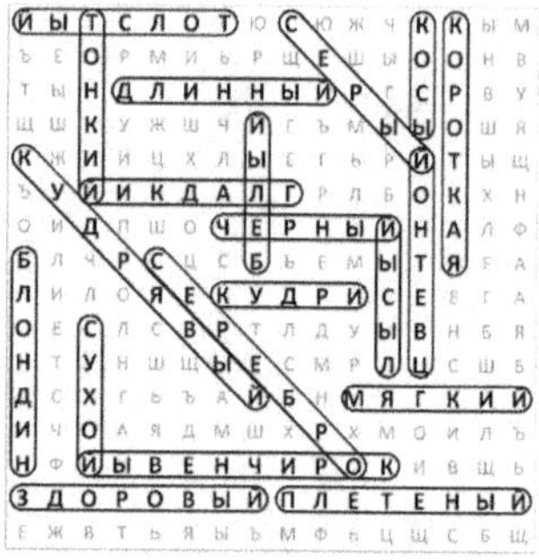

88 - Vestiti

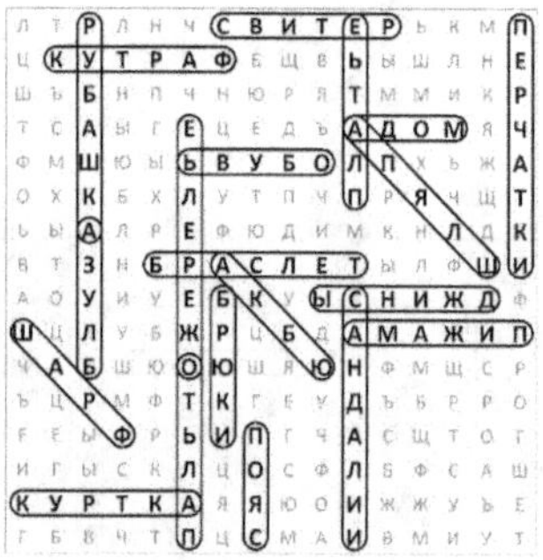

89 - Meteo

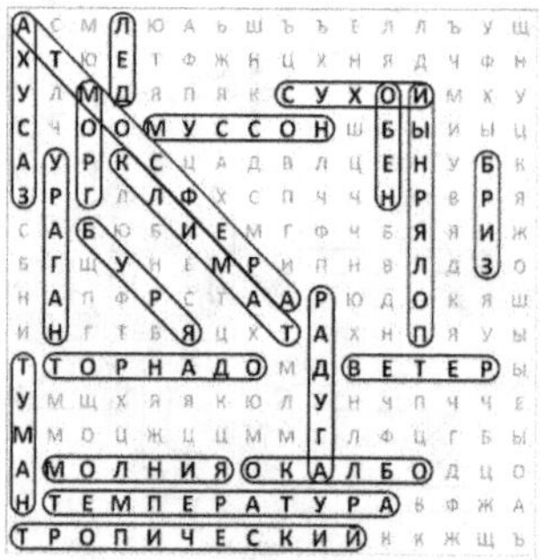

90 - Corpo Umano

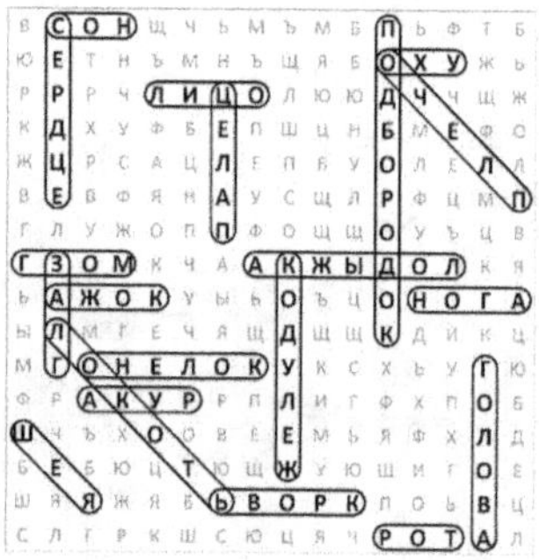

91 - Mammiferi

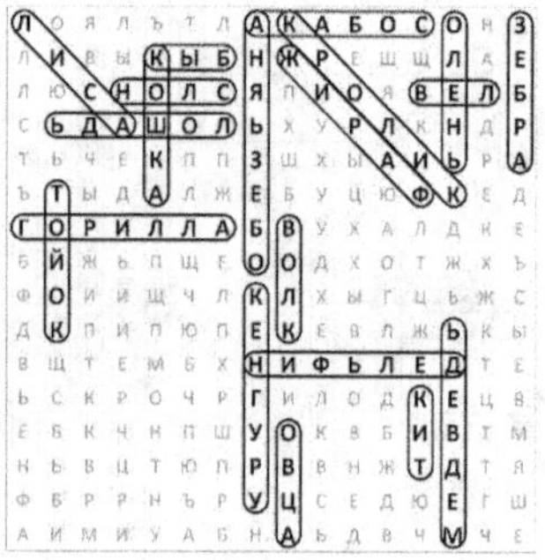

92 - Cucina

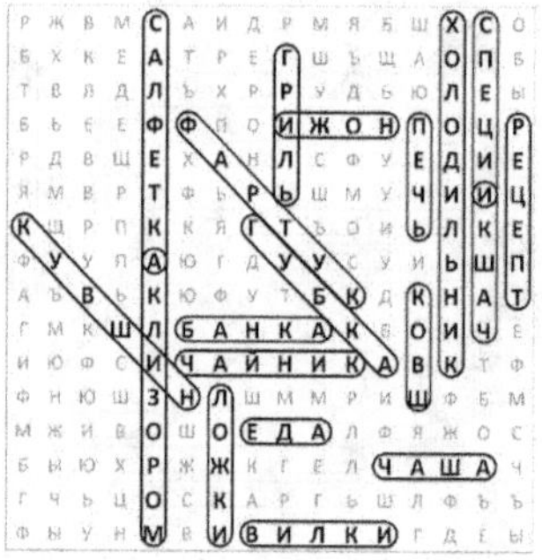

93 - Giardinaggio

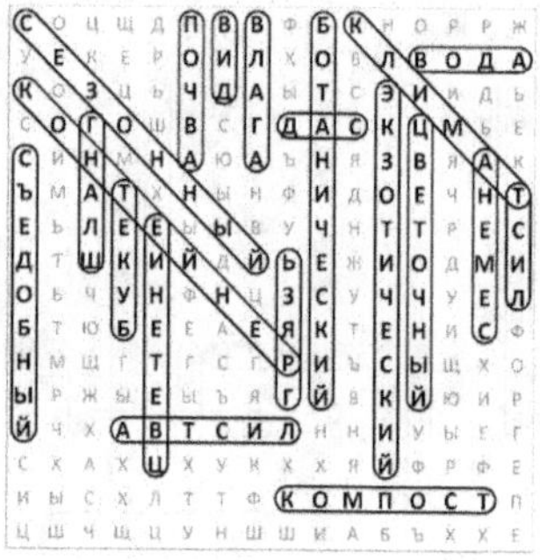

94 - Universo

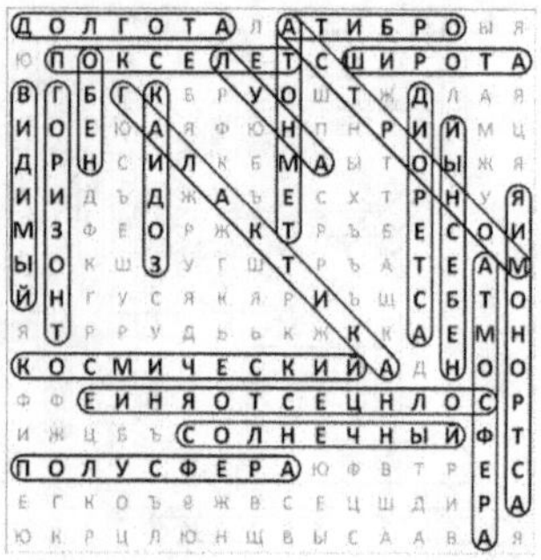

95 - Jazz

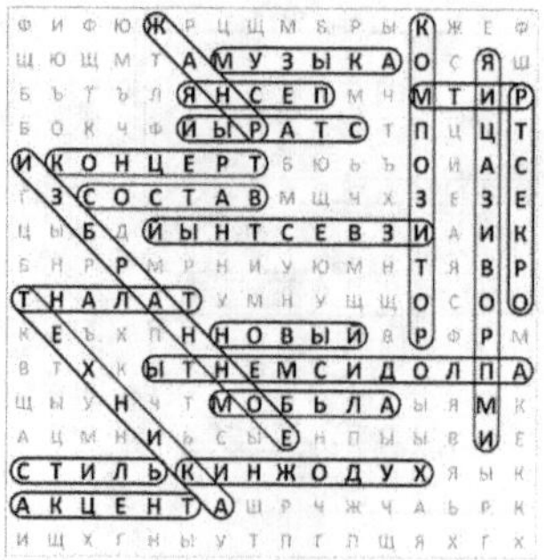

96 - Vacanze #2

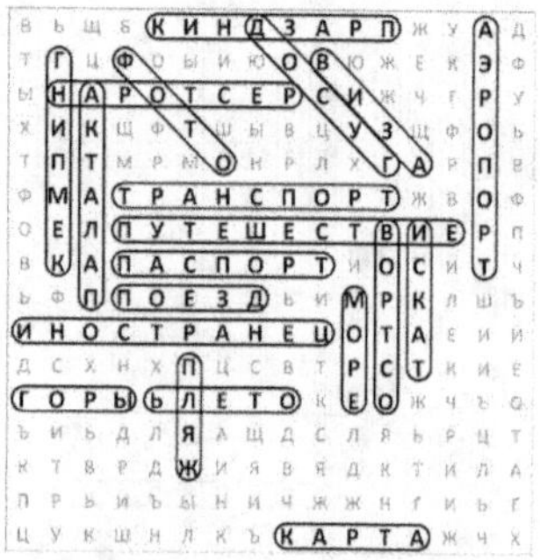

97 - Attività

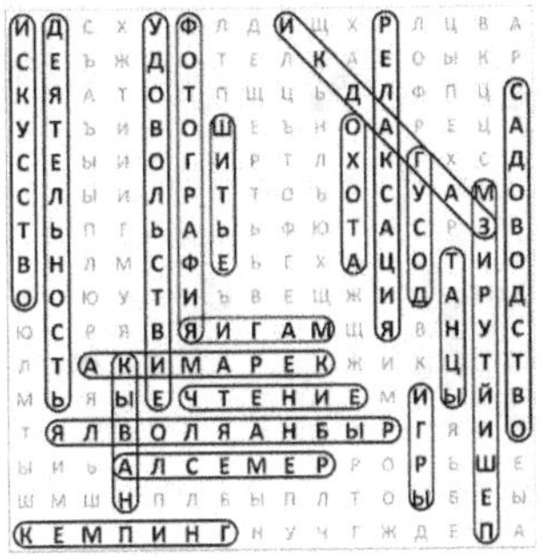

98 - Diplomazia

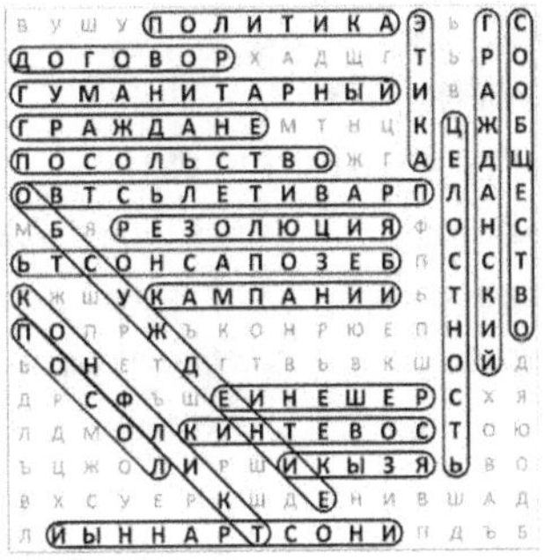

99 - Forniture Artistiche

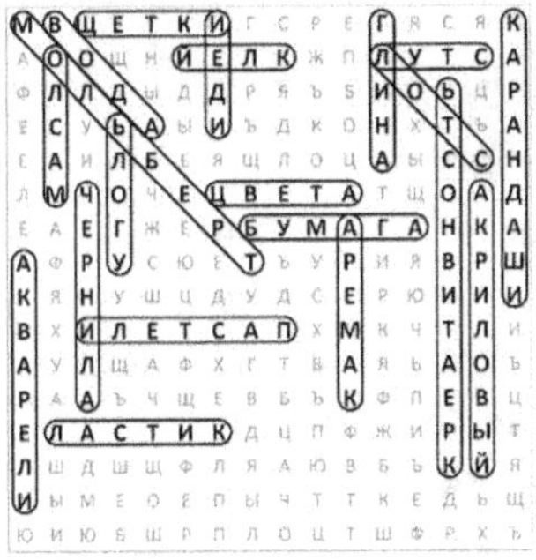

100 - Misurazioni

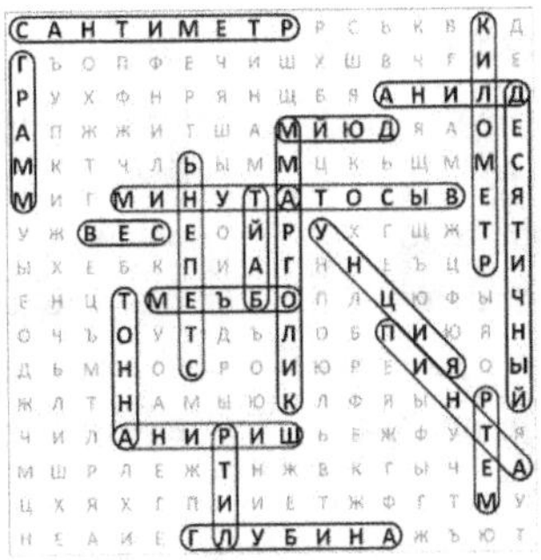

Dizionario

Aeroplani
Самолеты

Altezza	Высота
Aria	Воздух
Atmosfera	Атмосфера
Atterraggio	Посадка
Avventura	Приключение
Carburante	Топливо
Cielo	Небо
Costruzione	Строительство
Design	Дизайн
Direzione	Направление
Discesa	Спуск
Eliche	Пропеллеры
Equipaggio	Экипаж
Gonfiare	Надувать
Idrogeno	Водород
Motore	Двигатель
Palloncino	Воздушный Шар
Passeggero	Пассажир
Pilota	Пилот
Storia	История

Aggettivi #1
Прилагательные #1

Ambizioso	Амбициозный
Aromatico	Ароматический
Assoluto	Абсолютный
Attivo	Активный
Enorme	Огромный
Esotico	Экзотический
Generoso	Щедрый
Giovane	Молодой
Grande	Большой
Identico	Идентичный
Importante	Важный
Lento	Медленный
Lungo	Длинный
Moderno	Современный
Onesto	Честный
Perfetto	Совершенный
Pesante	Тяжелый
Prezioso	Ценный
Profondo	Глубокий
Sottile	Тонкий

Aggettivi #2
Прилагательные #2

Affamato	Голодный
Asciutto	Сухой
Autentico	Аутентичный
Creativo	Творческий
Descrittivo	Описательный
Dolce	Сладкий
Drammatico	Драматический
Elegante	Элегантный
Famoso	Известный
Forte	Сильный
Interessante	Интересный
Naturale	Естественный
Normale	Нормальный
Nuovo	Новый
Orgoglioso	Гордый
Produttivo	Продуктивный
Puro	Чистый
Responsabile	Ответственный
Salato	Соленый
Sano	Здоровый

Agronomia
Агрономия

Acqua	Вода
Cibo	Еда
Crescita	Рост
Ecologia	Экология
Energia	Энергия
Erosione	Эрозия
Fertilizzante	Удобрение
Identificazione	Идентификация
Inquinamento	Загрязнение
Malattie	Болезни
Organico	Органический
Piante	Растения
Produzione	Производство
Ricerca	Исследование
Rurale	Сельский
Scienza	Наука
Semi	Семена
Sistemi	Системы
Studio	Изучать
Suolo	Почва

Algebra
Алгебра

Diagramma	Диаграмма
Divisione	Деление
Equazione	Уравнение
Esponente	Экспонент
Falso	Ложный
Fattore	Фактор
Formula	Формула
Frazione	Фракция
Grafico	График
Infinito	Бесконечный
Lineare	Линейный
Matrice	Матрица
Numero	Число
Parentesi	Скобка
Problema	Проблема
Semplificare	Упрощать
Soluzione	Решение
Sottrazione	Вычитание
Variabile	Переменная
Zero	Нуль

Antartide
Антарктида

Acqua	Вода
Baia	Залив
Balene	Киты
Conservazione	Сохранение
Continente	Континент
Esplorazione	Исследование
Geografia	География
Ghiacciai	Ледники
Ghiaccio	Лед
Isole	Острова
Migrazione	Миграция
Minerali	Минералы
Nuvole	Облака
Penisola	Полуостров
Ricercatore	Исследователь
Roccioso	Скалистый
Scientifico	Научный
Spedizione	Экспедиция
Temperatura	Температура
Topografia	Топография

Antiquariato
Антиквариат

Arte	Искусство
Asta	Аукцион
Autentico	Аутентичный
Collezionista	Коллектор
Condizione	Состояние
Decenni	Десятилетия
Decorativo	Декоративный
Elegante	Элегантный
Galleria	Галерея
Insolito	Необычный
Investimento	Инвестиции
Mobilio	Мебель
Monete	Монеты
Prezzo	Цена
Qualità	Качество
Scultura	Скульптура
Secolo	Век
Stile	Стиль
Valore	Ценность
Vecchio	Старый

Api
Пчелы

Ali	Крылья
Alveare	Улей
Benefico	Выгодный
Cera	Воск
Cibo	Еда
Diversità	Разнообразие
Ecosistema	Экосистема
Fiori	Цветы
Fiorire	Цветение
Frutta	Фрукт
Fumo	Дым
Giardino	Сад
Insetto	Насекомое
Miele	Мед
Piante	Растения
Polline	Пыльца
Regina	Королева
Sciame	Рой
Sole	Солнце

Archeologia
Археология

Analisi	Анализ
Antichità	Древность
Antico	Древний
Civiltà	Цивилизация
Dimenticato	Забытый
Discendente	Потомок
Era	Эра
Esperto	Эксперт
Fossile	Ископаемое
Mistero	Тайна
Oggetti	Объекты
Ossa	Кости
Professore	Профессор
Reliquia	Реликвия
Ricercatore	Исследователь
Sconosciuto	Неизвестный
Squadra	Команда
Tempio	Храм
Tomba	Могила
Valutazione	Оценка

Arti Visive
Изобразительное Искусство

Architettura	Архитектура
Argilla	Глина
Artista	Художник
Capolavoro	Шедевр
Carbone	Уголь
Cavalletto	Мольберт
Cera	Воск
Ceramica	Керамика
Composizione	Состав
Creatività	Креативность
Film	Фильм
Fotografia	Фотография
Gesso	Мел
Matita	Карандаш
Penna	Ручка
Prospettiva	Перспектива
Ritratto	Портрет
Scultura	Скульптура
Stampino	Трафарет
Vernice	Лак

Astronomia
Астрономия

Asteroide	Астероид
Astronauta	Астронавт
Astronomo	Астроном
Cielo	Небо
Cosmo	Космос
Costellazione	Созвездие
Equinozio	Равноденствие
Galassia	Галактика
Gravità	Гравитация
Luna	Луна
Meteora	Метеор
Nebulosa	Туманность
Osservatorio	Обсерватория
Pianeta	Планета
Radiazione	Излучение
Razzo	Ракета
Supernova	Сверхновая
Telescopio	Телескоп
Terra	Земля
Universo	Вселенная

Attività
Виды Деятельности

Abilità	Навык
Arte	Искусство
Artigianato	Ремесла
Attività	Деятельность
Caccia	Охота
Campeggio	Кемпинг
Ceramica	Керамика
Cucire	Шитье
Danza	Танцы
Escursioni	Пеший Туризм
Fotografia	Фотография
Giardinaggio	Садоводство
Giochi	Игры
Lettura	Чтение
Magia	Магия
Pesca	Рыбная Ловля
Piacere	Удовольствие
Puzzle	Загадки
Rilassamento	Релаксация
Tempo Libero	Досуг

Attività Commerciale
Бизнес

Bilancio	Бюджет
Carriera	Карьера
Costo	Стоимость
Datore di Lavoro	Работодатель
Dipendente	Работник
Economia	Экономика
Fabbrica	Завод
Finanza	Финансы
Investimento	Инвестиции
Merce	Товар
Negozio	Магазин
Profitto	Прибыль
Reddito	Доход
Sconto	Скидка
Società	Компания
Soldi	Деньги
Transazione	Сделка
Ufficio	Офис
Valuta	Валюта
Vendita	Продажа

Avventura
Приключение

Amici	Друзья
Attività	Деятельность
Bellezza	Красота
Caso	Шанс
Coraggio	Храбрость
Difficoltà	Трудность
Entusiasmo	Энтузиазм
Escursione	Экскурсия
Gioia	Радость
Insolito	Необычный
Itinerario	Маршрут
Natura	Природа
Navigazione	Навигация
Nuovo	Новый
Opportunità	Возможность
Pericoloso	Опасный
Preparazione	Подготовка
Sfide	Проблемы
Sicurezza	Безопасность

Balletto
Балет

Abilità	Навык
Applauso	Аплодисменты
Assolo	Соло
Ballerina	Балерина
Ballerini	Танцоры
Compositore	Композитор
Coreografia	Хореография
Espressivo	Выразительный
Gesto	Жест
Intensità	Интенсивность
Lezioni	Уроки
Muscoli	Мышцы
Musica	Музыка
Orchestra	Оркестр
Pratica	Практика
Prova	Репетиция
Pubblico	Аудитория
Ritmo	Ритм
Stile	Стиль
Tecnica	Техника

Barbecue
Барбекю

Caldo	Горячий
Cena	Обед
Cibo	Еда
Cipolle	Лук
Coltelli	Ножи
Estate	Лето
Fame	Голод
Famiglia	Семья
Frutta	Фрукт
Giochi	Игры
Griglia	Гриль
Insalate	Салаты
Invito	Приглашение
Musica	Музыка
Pepe	Перец
Pollo	Курица
Pomodori	Помидоры
Sale	Соль
Salsa	Соус
Verdure	Овощи

Bellezza
Красота

Colore	Цвет
Cosmetici	Косметика
Elegante	Элегантный
Eleganza	Элегантность
Fascino	Очарование
Forbici	Ножницы
Fotogenico	Фотогеничный
Fragranza	Аромат
Grazia	Грация
Liscio	Гладкий
Oli	Масла
Pelle	Кожа
Prodotti	Продукты
Profumo	Запах
Riccioli	Кудри
Rossetto	Помада
Servizi	Услуги
Shampoo	Шампунь
Specchio	Зеркало
Stilista	Стилист

Biologia
Биология

Anatomia	Анатомия
Batteri	Бактерии
Cellula	Ячейка
Collagene	Коллаген
Cromosoma	Хромосома
Embrione	Эмбрион
Enzima	Фермент
Evoluzione	Эволюция
Fotosintesi	Фотосинтез
Mammifero	Млекопитающее
Mutazione	Мутация
Naturale	Естественный
Nervo	Нерв
Neurone	Нейрон
Ormone	Гормон
Osmosi	Осмос
Proteina	Белок
Rettile	Рептилия
Simbiosi	Симбиоз
Sinapsi	Синапс

Caffè
Кофе

Acqua	Вода
Amaro	Горький
Aroma	Аромат
Arrostito	Жареный
Bere	Пить
Bevanda	Напиток
Caffeina	Кофеин
Crema	Крем
Filtro	Фильтр
Gusto	Вкус
Latte	Молоко
Liquido	Жидкость
Macinare	Молоть
Mattina	Утро
Nero	Черный
Origine	Происхождение
Prezzo	Цена
Tazza	Чашка
Varietà	Разнообразие
Zucchero	Сахар

Campeggio
Кемпинг

Alberi	Деревья
Amaca	Гамак
Animali	Животные
Attrezzatura	Оборудование
Avventura	Приключение
Bussola	Компас
Caccia	Охота
Canoa	Каноэ
Cappello	Шляпа
Corda	Веревка
Divertimento	Веселье
Foresta	Лес
Fuoco	Огонь
Insetto	Насекомое
Lago	Озеро
Luna	Луна
Mappa	Карта
Montagna	Гора
Natura	Природа
Tenda	Палатка

Casa
Дом

Attico	Чердак
Biblioteca	Библиотека
Camera	Комната
Camino	Камин
Cucina	Кухня
Doccia	Душ
Finestra	Окно
Garage	Гараж
Giardino	Сад
Lampada	Лампа
Parete	Стена
Pavimento	Этаж
Porta	Дверь
Recinto	Забор
Rubinetto	Кран
Scopa	Метла
Soffitto	Потолок
Specchio	Зеркало
Tappeto	Коврик
Tetto	Крыша

Chimica
Химия

Acido	Кислота
Alcalino	Щелочной
Atomico	Атомный
Calore	Жара
Carbonio	Углерод
Catalizzatore	Катализатор
Cloro	Хлор
Elettrone	Электрон
Enzima	Фермент
Gas	Газ
Idrogeno	Водород
Ione	Ион
Liquido	Жидкость
Molecola	Молекула
Nucleare	Ядерный
Organico	Органический
Ossigeno	Кислород
Peso	Вес
Sale	Соль
Temperatura	Температура

Cibo #1
Еда #1

Aglio	Чеснок
Basilico	Базилик
Cannella	Корица
Carne	Мясо
Carota	Морковь
Cipolla	Лук
Fragola	Клубника
Insalata	Салат
Latte	Молоко
Limone	Лимон
Menta	Мята
Orzo	Ячмень
Pera	Груша
Rapa	Репа
Sale	Соль
Spinaci	Шпинат
Succo	Сок
Tonno	Тунец
Torta	Торт
Zucchero	Сахар

Cibo #2
Еда #2

Banana	Банан
Broccolo	Брокколи
Ciliegia	Вишня
Cioccolato	Шоколад
Formaggio	Сыр
Fungo	Гриб
Grano	Пшеница
Kiwi	Киви
Mela	Яблоко
Melanzana	Баклажан
Pane	Хлеб
Pesce	Рыба
Pollo	Курица
Pomodoro	Помидор
Prosciutto	Ветчина
Riso	Рис
Sedano	Сельдерей
Uovo	Яйцо
Uva	Виноград
Yogurt	Йогурт

Cioccolato
Шоколад

Amaro	Горький
Antiossidante	Антиоксидант
Arachidi	Арахис
Aroma	Аромат
Cacao	Какао
Calorie	Калории
Caramella	Конфеты
Caramello	Карамель
Delizioso	Вкусный
Dolce	Сладкий
Esotico	Экзотический
Gusto	Вкус
Ingrediente	Ингредиент
Noce di Cocco	Кокос
Polvere	Порошок
Preferito	Любимый
Qualità	Качество
Ricetta	Рецепт
Zucchero	Сахар

Città
Город

Aeroporto	Аэропорт
Banca	Банк
Biblioteca	Библиотека
Cinema	Кино
Clinica	Клиника
Farmacia	Аптека
Fiorista	Флорист
Galleria	Галерея
Hotel	Отель
Mercato	Рынок
Museo	Музей
Negozio	Магазин
Panetteria	Пекарня
Ristorante	Ресторан
Scuola	Школа
Stadio	Стадион
Supermercato	Супермаркет
Teatro	Театр
Università	Университет
Zoo	Зоопарк

Corpo Umano
Тело Человека

Bocca	Рот
Caviglia	Лодыжка
Cervello	Мозг
Collo	Шея
Cuore	Сердце
Dito	Палец
Faccia	Лицо
Gamba	Нога
Ginocchio	Колено
Gomito	Локоть
Mano	Рука
Mento	Подбородок
Naso	Нос
Occhio	Глаз
Orecchio	Ухо
Pelle	Кожа
Sangue	Кровь
Spalla	Плечо
Stomaco	Желудок
Testa	Голова

Cucina
Кухня

Bollitore	Чайник
Brocca	Кувшин
Cibo	Еда
Ciotola	Чаша
Coltelli	Ножи
Congelatore	Морозилка
Cucchiai	Ложки
Forchette	Вилки
Forno	Печь
Frigorifero	Холодильник
Grembiule	Фартук
Griglia	Гриль
Mestolo	Ковш
Ricetta	Рецепт
Spezie	Специи
Spugna	Губка
Tazze	Чашки
Tovagliolo	Салфетка
Vaso	Банка

Danza
Танец

Accademia	Академия
Arte	Искусство
Classico	Классический
Compagno	Партнер
Coreografia	Хореография
Corpo	Тело
Cultura	Культура
Culturale	Культурный
Emozione	Эмоция
Espressivo	Выразительный
Gioioso	Радостный
Grazia	Грация
Movimento	Движение
Musica	Музыка
Postura	Поза
Prova	Репетиция
Ritmo	Ритм
Tradizionale	Традиционный
Visivo	Визуальный

Diplomazia
Дипломатия

Ambasciata	Посольство
Ambasciatore	Посол
Campagne	Кампании
Cittadini	Граждане
Civico	Гражданский
Comunità	Сообщество
Conflitto	Конфликт
Consigliere	Советник
Discussione	Обсуждение
Etica	Этика
Governo	Правительство
Integrità	Целостность
Lingue	Языки
Politica	Политика
Risoluzione	Резолюция
Sicurezza	Безопасность
Soluzione	Решение
Straniero	Иностранный
Trattato	Договор
Umanitario	Гуманитарный

Discipline Scientifiche
Научные Дисциплины

Anatomia	Анатомия
Archeologia	Археология
Astronomia	Астрономия
Biochimica	Биохимия
Biologia	Биология
Botanica	Ботаника
Chimica	Химия
Ecologia	Экология
Fisiologia	Физиология
Geologia	Геология
Immunologia	Иммунология
Linguistica	Лингвистика
Meccanica	Механика
Meteorologia	Метеорология
Mineralogia	Минералогия
Neurologia	Неврология
Psicologia	Психология
Sociologia	Социология
Termodinamica	Термодинамика
Zoologia	Зоология

Edifici
Здания

Ambasciata	Посольство
Appartamento	Квартира
Castello	Замок
Cinema	Кино
Fabbrica	Завод
Fattoria	Ферма
Fienile	Амбар
Hotel	Отель
Laboratorio	Лаборатория
Museo	Музей
Ospedale	Больница
Osservatorio	Обсерватория
Ostello	Общежитие
Scuola	Школа
Stadio	Стадион
Supermercato	Супермаркет
Teatro	Театр
Tenda	Палатка
Torre	Башня
Università	Университет

Elettricità
Электричество

Attrezzatura	Оборудование
Batteria	Батарея
Cavo	Кабель
Elettricista	Электрик
Elettrico	Электрический
Fili	Провода
Generatore	Генератор
Lampada	Лампа
Lampadina	Лампочка
Laser	Лазер
Magnete	Магнит
Negativo	Отрицательный
Oggetti	Объекты
Positivo	Положительный
Presa	Разъем
Quantità	Количество
Rete	Сеть
Telefono	Телефон
Televisione	Телевидение

Emozioni
Эмоции

Amore	Любовь
Beatitudine	Блаженство
Calma	Спокойный
Contenuto	Содержание
Gentilezza	Доброта
Gioia	Радость
Grato	Благодарный
Imbarazzato	Смущенный
Noia	Скука
Pace	Мир
Paura	Страх
Rabbia	Гнев
Rilassato	Расслабленный
Rilievo	Облегчение
Simpatia	Симпатия
Soddisfatto	Доволен
Sorpresa	Сюрприз
Tenerezza	Нежность
Tranquillità	Спокойствие
Tristezza	Печаль

Erboristeria
Тимбализм

Aglio	Чеснок
Aneto	Укроп
Aromatico	Ароматический
Basilico	Базилик
Culinario	Кулинарный
Dragoncello	Эстрагон
Finocchio	Фенхель
Fiore	Цветок
Giardino	Сад
Ingrediente	Ингредиент
Lavanda	Лаванда
Maggiorana	Майоран
Menta	Мята
Origano	Орегано
Prezzemolo	Петрушка
Qualità	Качество
Rosmarino	Розмарин
Timo	Тимьян
Verde	Зеленый
Zafferano	Шафран

Escursionismo
Пеший Туризм

Acqua	Вода
Animali	Животные
Campeggio	Кемпинг
Clima	Климат
Mappa	Карта
Meteo	Погода
Montagna	Гора
Natura	Природа
Orientamento	Ориентация
Parchi	Парки
Pericoli	Опасности
Pesante	Тяжелый
Pietre	Камни
Preparazione	Подготовка
Scogliera	Утес
Selvaggio	Дикий
Sole	Солнце
Stanco	Усталый
Stivali	Ботинки
Vertice	Саммит

Famiglia
Семья

Antenato	Предок
Bambini	Дети
Bambino	Ребенок
Figlia	Дочь
Fratello	Брат
Gemelli	Близнецы
Infanzia	Детство
Madre	Мать
Marito	Муж
Materno	Материнский
Moglie	Жена
Nipote	Племянник
Nipote	Внук
Nonna	Бабушка
Nonno	Дед
Padre	Отец
Paterno	Отцовский
Sorella	Сестра
Zia	Тетя
Zio	Дядя

Fantascienza
Научная Фантастика

Atomico	Атомный
Cinema	Кино
Cloni	Клоны
Distopia	Антиутопия
Esplosione	Взрыв
Estremo	Экстремальный
Fuoco	Огонь
Galassia	Галактика
Illusione	Иллюзия
Immaginario	Воображаемый
Libri	Книги
Misterioso	Таинственный
Mondo	Мир
Oracolo	Оракул
Pianeta	Планета
Realistico	Реалистичный
Robot	Роботы
Scenario	Сценарий
Tecnologia	Технология
Utopia	Утопия

Fattoria #1
Ферма #1

Acqua	Вода
Ape	Пчела
Asino	Осел
Campo	Поле
Cane	Собака
Capra	Коза
Cavallo	Лошадь
Fertilizzante	Удобрение
Fieno	Сено
Gatto	Кошка
Gregge	Стадо
Maiale	Свинья
Miele	Мед
Mucca	Корова
Pollo	Курица
Recinto	Забор
Riso	Рис
Semi	Семена
Terra	Земля
Vitello	Телец

Fattoria #2
Ферма #2

Agnello	Ягненок
Agricoltore	Фермер
Alveare	Улей
Anatra	Утка
Animali	Животные
Cibo	Еда
Fienile	Амбар
Frutta	Фрукт
Frutteto	Сад
Grano	Пшеница
Irrigazione	Орошение
Lama	Лама
Latte	Молоко
Mais	Кукуруза
Oche	Гуси
Orzo	Ячмень
Pastore	Пасти
Pecora	Овца
Prato	Луг
Trattore	Трактор

Filantropia
Филантропия

Bambini	Дети
Bisogno	Нужно
Comunità	Сообщество
Contatti	Контакты
Finanza	Финансы
Fondi	Фонды
Generosità	Щедрость
Gioventù	Молодежь
Globale	Глобальный
Gruppi	Группы
Missione	Миссия
Obiettivi	Цели
Onestà	Честность
Persone	Люди
Programmi	Программы
Pubblico	Общественный
Sfide	Проблемы
Storia	История
Umanità	Человечество

Fiori
Цветы

Calendula	Календула
Dente di Leone	Одуванчик
Gardenia	Гардения
Gelsomino	Жасмин
Giglio	Лилия
Girasole	Подсолнух
Ibisco	Гибискус
Lavanda	Лаванда
Lilla	Сирень
Magnolia	Магнолия
Margherita	Маргаритка
Mazzo	Букет
Orchidea	Орхидея
Papavero	Мак
Peonia	Пион
Petalo	Лепесток
Plumeria	Плюмерия
Rosa	Роза
Trifoglio	Клевер
Tulipano	Тюльпан

Fisica

Физика

Accelerazione	Ускорение
Atomo	Атом
Caos	Хаос
Chimico	Химические
Densità	Плотность
Elettrone	Электрон
Espansione	Расширение
Formula	Формула
Frequenza	Частота
Gas	Газ
Gravità	Гравитация
Magnetismo	Магнетизм
Meccanica	Механика
Molecola	Молекула
Motore	Двигатель
Nucleare	Ядерный
Particella	Частица
Universale	Универсальный
Variabile	Переменная
Velocità	Скорость

Forme

Формы

Angolo	Угол
Arco	Дуга
Bordi	Края
Cerchio	Круг
Cilindro	Цилиндр
Cono	Конус
Cubo	Куб
Curva	Изгиб
Ellisse	Эллипс
Iperbole	Гипербола
Lato	Сторона
Linea	Линия
Ovale	Овальный
Piramide	Пирамида
Poligono	Полигон
Prisma	Призма
Quadrato	Площадь
Rettangolo	Прямоугольник
Sfera	Сфера
Triangolo	Треугольник

Forniture Artistiche

Художественные Принадлежности

Acqua	Вода
Acquerelli	Акварели
Acrilico	Акриловый
Argilla	Глина
Carbone	Уголь
Carta	Бумага
Cavalletto	Мольберт
Colla	Клей
Colori	Цвета
Creatività	Креативность
Gomma	Ластик
Idee	Идеи
Inchiostro	Чернила
Matite	Карандаши
Olio	Масло
Pastelli	Пастели
Sedia	Стул
Spazzole	Щетки
Tavolo	Стол
Telecamera	Камера

Forza e Gravità

Сила и Гравитация

Asse	Ось
Attrito	Трение
Centro	Центр
Dinamico	Динамический
Distanza	Расстояние
Espansione	Расширение
Fisica	Физика
Impatto	Влияние
Magnetismo	Магнетизм
Meccanica	Механика
Movimento	Движение
Orbita	Орбита
Peso	Вес
Pianeti	Планеты
Pressione	Давление
Proprietà	Свойства
Scoperta	Открытие
Tempo	Время
Universale	Универсальный
Velocità	Скорость

Frutta

Фрукты

Albicocca	Абрикос
Ananas	Ананас
Arancia	Оранжевый
Avocado	Авокадо
Bacca	Ягода
Banana	Банан
Ciliegia	Вишня
Kiwi	Киви
Lampone	Малина
Limone	Лимон
Mango	Манго
Mela	Яблоко
Melone	Дыня
Mora	Ежевика
Nettarina	Нектарин
Papaia	Папайя
Pera	Груша
Pesca	Персик
Prugna	Слива
Uva	Виноград

Geografia

География

Altitudine	Высота
Atlante	Атлас
Città	Город
Continente	Континент
Emisfero	Полусфера
Fiume	Река
Isola	Остров
Latitudine	Широта
Longitudine	Долгота
Mappa	Карта
Mare	Море
Meridiano	Меридиан
Mondo	Мир
Montagna	Гора
Nord	Север
Ovest	Запад
Paese	Страна
Regione	Регион
Sud	Юг
Territorio	Территория

Geologia
Геология

Acido	Кислота
Altopiano	Плато
Calcio	Кальций
Caverna	Пещера
Continente	Континент
Corallo	Коралл
Cristalli	Кристаллы
Erosione	Эрозия
Fossile	Ископаемое
Geyser	Гейзер
Lava	Лава
Minerali	Минералы
Pietra	Камень
Quarzo	Кварц
Sale	Соль
Stalagmiti	Сталагмиты
Stalattite	Сталактит
Strato	Слой
Terremoto	Землетрясение
Vulcano	Вулкан

Geometria
Геометрия

Altezza	Высота
Angolo	Угол
Calcolo	Расчет
Cerchio	Круг
Curva	Изгиб
Diametro	Диаметр
Dimensione	Измерение
Equazione	Уравнение
Logica	Логика
Mediano	Медиана
Numero	Число
Parallelo	Параллель
Proporzione	Пропорция
Rotazione	Вращение
Segmento	Сегмент
Simmetria	Симметрия
Superficie	Поверхность
Teoria	Теория
Triangolo	Треугольник
Verticale	Вертикальный

Giardinaggio
Садоводство

Acqua	Вода
Botanico	Ботанический
Clima	Климат
Commestibile	Съедобный
Compost	Компост
Contenitore	Контейнер
Esotico	Экзотический
Fiorire	Цветение
Floreale	Цветочный
Foglia	Лист
Fogliame	Листва
Frutteto	Сад
Mazzo	Букет
Semi	Семена
Specie	Вид
Sporco	Грязь
Stagionale	Сезонный
Suolo	Почва
Tubo	Шланг
Umidità	Влага

Giardino
Сад

Albero	Дерево
Amaca	Гамак
Cespuglio	Куст
Erba	Трава
Erbacce	Сорняки
Fiore	Цветок
Garage	Гараж
Giardino	Сад
Pala	Лопата
Panca	Скамья
Portico	Крыльцо
Prato	Лужайка
Rastrello	Грабли
Recinto	Забор
Stagno	Пруд
Suolo	Почва
Terrazza	Терраса
Trampolino	Батут
Tubo	Шланг

Giorni e Mesi
Дни и Месяцы

Agosto	Август
Anno	Год
Aprile	Апрель
Calendario	Календарь
Dicembre	Декабрь
Domenica	Воскресенье
Febbraio	Февраль
Gennaio	Январь
Giugno	Июнь
Luglio	Июль
Lunedì	Понедельник
Martedì	Вторник
Mercoledì	Среда
Mese	Месяц
Novembre	Ноябрь
Ottobre	Октябрь
Sabato	Суббота
Settembre	Сентябрь
Settimana	Неделя
Venerdì	Пятница

Governo
Правительство

Capo	Лидер
Cittadinanza	Гражданство
Civile	Гражданский
Costituzione	Конституция
Democrazia	Демократия
Diritti	Права
Discorso	Речь
Discussione	Обсуждение
Giudiziario	Судебный
Indipendenza	Независимость
Legge	Закон
Libertà	Свобода
Monumento	Памятник
Nazionale	Национальный
Nazione	Нация
Politica	Политика
Quartiere	Район
Simbolo	Символ
Stato	Государство
Uguaglianza	Равенство

Guida
Вождение

Auto	Автомобиль
Autobus	Автобус
Carburante	Топливо
Freni	Тормоза
Garage	Гараж
Gas	Газ
Incidente	Авария
Licenza	Лицензия
Mappa	Карта
Moto	Мотоцикл
Motore	Мотор
Pedonale	Пешеход
Pericolo	Опасность
Polizia	Полиция
Sicurezza	Безопасность
Strada	Дорога
Traffico	Движение
Trasporto	Транспорт
Tunnel	Туннель
Velocità	Скорость

Imbarcazioni
Лодки

Albero	Мачта
Ancora	Якорь
Boa	Буй
Canoa	Каноэ
Corda	Веревка
Dock	Док
Equipaggio	Экипаж
Fiume	Река
Kayak	Каяк
Lago	Озеро
Mare	Море
Marea	Прилив
Marinaio	Моряк
Motore	Двигатель
Nautico	Морской
Oceano	Океан
Onde	Волны
Traghetto	Паром
Yacht	Яхта
Zattera	Плот

Immigrazione
Иммиграция

Adulti	Взрослые
Aiuto	Помощь
Alloggio	Жилье
Amministrazione	Администрация
Approvazione	Утверждение
Bambini	Дети
Comunicazione	Коммуникация
Documenti	Документы
Frontiere	Границы
Legge	Закон
Lingua	Язык
Processo	Процесс
Protezione	Защита
Scadenza	Крайний Срок
Situazione	Ситуация
Soluzione	Решение
Stress	Стресс
Trattativa	Переговоры
Ufficiale	Офицер

Ingegneria
Инженерия

Angolo	Угол
Asse	Ось
Calcolo	Расчет
Costruzione	Строительство
Diagramma	Диаграмма
Diametro	Диаметр
Diesel	Дизель
Distribuzione	Распределение
Energia	Энергия
Forza	Сила
Ingranaggi	Шестерни
Leve	Рычаги
Liquido	Жидкость
Macchina	Машина
Misurazione	Измерение
Motore	Мотор
Profondità	Глубина
Rotazione	Вращение
Stabilità	Стабильность
Struttura	Структура

Insetti
Насекомые

Afide	Тля
Ape	Пчела
Calabrone	Шершень
Cavalletta	Кузнечик
Cicala	Цикада
Coccinella	Божья Коровка
Coleottero	Жук
Farfalla	Бабочка
Formica	Муравей
Larva	Личинка
Libellula	Стрекоза
Locusta	Саранча
Mantide	Богомол
Pulce	Блоха
Scarafaggio	Таракан
Termite	Термит
Verme	Червь
Vespa	Оса
Zanzara	Комар

Jazz
Джаз

Album	Альбом
Applauso	Аплодисменты
Artista	Художник
Canzone	Песня
Compositore	Композитор
Composizione	Состав
Concerto	Концерт
Enfasi	Акцент
Famoso	Известный
Genere	Жанр
Improvvisazione	Импровизация
Musica	Музыка
Nuovo	Новый
Orchestra	Оркестр
Preferiti	Избранное
Ritmo	Ритм
Stile	Стиль
Talento	Талант
Tecnica	Техника
Vecchio	Старый

Letteratura
Литература

Analisi	Анализ
Analogia	Аналогия
Aneddoto	Анекдот
Autore	Автор
Biografia	Биография
Conclusione	Заключение
Confronto	Сравнение
Descrizione	Описание
Dialogo	Диалог
Genere	Жанр
Metafora	Метафора
Opinione	Мнение
Poesia	Стих
Poetico	Поэтика
Rima	Рифма
Ritmo	Ритм
Romanzo	Роман
Stile	Стиль
Tema	Тема
Tragedia	Трагедия

Libri
Книги

Autore	Автор
Avventura	Приключение
Carattere	Характер
Collezione	Коллекция
Contesto	Контекст
Epico	Эпический
Immersione	Погружение
Letterario	Литературный
Lettore	Читатель
Narratore	Рассказчик
Pagina	Страница
Parole	Слова
Poesia	Поэзия
Rilevante	Уместный
Romanzo	Роман
Scritto	Написано
Serie	Серии
Storia	История
Storico	Исторический
Tragico	Трагический

Malattia
Заболевание

Acuto	Острый
Addominale	Брюшной
Allergie	Аллергии
Batterico	Бактериальный
Contagioso	Заразный
Corpo	Тело
Cronico	Хронический
Cuore	Сердце
Debole	Слабый
Genetico	Генетический
Immunità	Иммунитет
Infiammazione	Воспаление
Lombare	Поясничный
Neuropatia	Невропатия
Ossa	Кости
Polmonare	Легочный
Respiratorio	Дыхательный
Salute	Здоровье
Sindrome	Синдром
Terapia	Терапия

Mammiferi
Млекопитающие

Balena	Кит
Cane	Собака
Canguro	Кенгуру
Cavallo	Лошадь
Cervo	Олень
Coniglio	Кролик
Coyote	Койот
Delfino	Дельфин
Elefante	Слон
Gatto	Кошка
Giraffa	Жираф
Gorilla	Горилла
Leone	Лев
Lupo	Волк
Orso	Медведь
Pecora	Овца
Scimmia	Обезьяна
Toro	Бык
Volpe	Лиса
Zebra	Зебра

Matematica
Математика

Angoli	Углы
Aritmetica	Арифметика
Decimale	Десятичный
Diametro	Диаметр
Divisione	Деление
Equazione	Уравнение
Esponente	Экспонент
Frazione	Фракция
Geometria	Геометрия
Parallelo	Параллель
Perimetro	Периметр
Perpendicolare	Перпендикуляр
Poligono	Полигон
Quadrato	Площадь
Raggio	Радиус
Rettangolo	Прямоугольник
Simmetria	Симметрия
Somma	Сумма
Triangolo	Треугольник
Volume	Объем

Meditazione
Медитация

Accettazione	Принятие
Attenzione	Внимание
Calma	Спокойный
Chiarezza	Ясность
Compassione	Сострадание
Emozioni	Эмоции
Gentilezza	Доброта
Gratitudine	Благодарность
Mentale	Умственный
Mente	Ум
Movimento	Движение
Musica	Музыка
Natura	Природа
Osservazione	Наблюдение
Pace	Мир
Pensieri	Мысли
Postura	Поза
Prospettiva	Перспектива
Respirazione	Дыхание
Silenzio	Тишина

Meteo
Погода

Arcobaleno	Радуга
Asciutto	Сухой
Atmosfera	Атмосфера
Brezza	Бриз
Cielo	Небо
Clima	Климат
Fulmine	Молния
Ghiaccio	Лед
Monsone	Муссон
Nebbia	Туман
Nube	Облако
Polare	Полярный
Siccità	Засуха
Temperatura	Температура
Tempesta	Буря
Tornado	Торнадо
Tropicale	Тропический
Tuono	Гром
Uragano	Ураган
Vento	Ветер

Misurazioni
Измерения

Altezza	Высота
Byte	Байт
Centimetro	Сантиметр
Chilogrammo	Килограмм
Chilometro	Километр
Decimale	Десятичный
Grado	Степень
Grammo	Грамм
Larghezza	Ширина
Litro	Литр
Lunghezza	Длина
Metro	Метр
Minuto	Минута
Oncia	Унция
Peso	Вес
Pinta	Пинта
Pollice	Дюйм
Profondità	Глубина
Tonnellata	Тонна
Volume	Объем

Mitologia
Мифология

Archetipo	Архетип
Comportamento	Поведение
Creatura	Существо
Creazione	Создание
Cultura	Культура
Disastro	Катастрофа
Divinità	Божества
Eroe	Герой
Forza	Сила
Fulmine	Молния
Gelosia	Ревность
Guerriero	Воин
Immortalità	Бессмертие
Labirinto	Лабиринт
Leggenda	Легенда
Magico	Волшебный
Mortale	Смертный
Mostro	Монстр
Tuono	Гром
Vendetta	Месть

Moda
Мода

Abbigliamento	Одежда
Boutique	Бутик
Caro	Дорогой
Confortevole	Удобный
Elegante	Элегантный
Minimalista	Минималист
Misure	Измерения
Modello	Шаблон
Moderno	Современный
Modesto	Скромный
Originale	Оригинал
Pizzo	Кружево
Pratico	Практический
Pulsanti	Кнопки
Ricamo	Вышивка
Semplice	Простой
Stile	Стиль
Tendenza	Тенденция
Tessuto	Ткань
Trama	Текстура

Musica
Музыка

Album	Альбом
Armonia	Гармония
Armonico	Гармонический
Ballata	Баллада
Cantante	Певец
Cantare	Петь
Classico	Классический
Coro	Хор
Lirico	Лирический
Melodia	Мелодия
Microfono	Микрофон
Musicale	Музыкальный
Musicista	Музыкант
Opera	Опера
Poetico	Поэтика
Registrazione	Запись
Ritmico	Ритмичный
Ritmo	Ритм
Strumento	Инструмент
Vocale	Вокал

Natura
Природа

Animali	Животные
Api	Пчелы
Artico	Арктический
Bellezza	Красота
Deserto	Пустыня
Dinamico	Динамический
Erosione	Эрозия
Fiume	Река
Fogliame	Листва
Foresta	Лес
Ghiacciaio	Ледник
Montagne	Горы
Nebbia	Туман
Nuvole	Облака
Rifugio	Укрытие
Santuario	Святилище
Scogliere	Скалы
Selvaggio	Дикий
Sereno	Безмятежный
Tropicale	Тропический

Numeri
Цифры

Cinque	Пять
Decimale	Десятичный
Diciannove	Девятнадцать
Diciassette	Семнадцать
Diciotto	Восемнадцать
Dieci	Десять
Dodici	Двенадцать
Due	Два
Nove	Девять
Otto	Восемь
Quattordici	Четырнадцать
Quattro	Четыре
Quindici	Пятнадцать
Sedici	Шестнадцать
Sei	Шесть
Sette	Семь
Tre	Три
Tredici	Тринадцать
Venti	Двадцать
Zero	Нуль

Nutrizione
Питание

Amaro	Горький
Appetito	Аппетит
Calorie	Калории
Carboidrati	Углеводы
Commestibile	Съедобный
Dieta	Диета
Digestione	Пищеварение
Fermentazione	Ферментация
Gusto	Вкус
Liquidi	Жидкости
Nutriente	Нутриент
Peso	Вес
Proteine	Белки
Qualità	Качество
Salsa	Соус
Salute	Здоровье
Sano	Здоровый
Spezie	Специи
Tossina	Токсин
Vitamina	Витамин

Oceano
Океан

Anguilla	Угорь
Balena	Кит
Barca	Лодка
Corallo	Коралл
Delfino	Дельфин
Gamberetto	Креветка
Granchio	Краб
Maree	Приливы
Medusa	Медуза
Onde	Волны
Ostrica	Устрица
Pesce	Рыба
Polpo	Осьминог
Sale	Соль
Scogliera	Риф
Spugna	Губка
Squalo	Акула
Tartaruga	Черепаха
Tempesta	Буря
Tonno	Тунец

Paesaggi
Пейзажи

Cascata	Водопад
Collina	Холм
Deserto	Пустыня
Fiume	Река
Geyser	Гейзер
Ghiacciaio	Ледник
Grotta	Пещера
Iceberg	Айсберг
Isola	Остров
Lago	Озеро
Mare	Море
Montagna	Гора
Oasi	Оазис
Oceano	Океан
Palude	Болото
Penisola	Полуостров
Spiaggia	Пляж
Tundra	Тундра
Valle	Долина
Vulcano	Вулкан

Paesi #1
Страны #1

Brasile	Бразилия
Cambogia	Камбоджа
Canada	Канада
Egitto	Египет
Finlandia	Финляндия
Germania	Германия
India	Индия
Iraq	Ирак
Israele	Израиль
Libia	Ливия
Mali	Мали
Marocco	Марокко
Norvegia	Норвегия
Panama	Панама
Polonia	Польша
Romania	Румыния
Senegal	Сенегал
Spagna	Испания
Venezuela	Венесуэла
Vietnam	Вьетнам

Paesi #2
Страны #2

Albania	Албания
Danimarca	Дания
Etiopia	Эфиопия
Giamaica	Ямайка
Giappone	Япония
Grecia	Греция
Haiti	Гаити
Indonesia	Индонезия
Irlanda	Ирландия
Laos	Лаос
Liberia	Либерия
Messico	Мексика
Nepal	Непал
Nigeria	Нигерия
Pakistan	Пакистан
Russia	Россия
Siria	Сирия
Sudan	Судан
Ucraina	Украина
Uganda	Уганда

Pesca
Рыбалка

Acqua	Вода
Attrezzatura	Оборудование
Barca	Лодка
Branchie	Жабры
Cesto	Корзина
Cucinare	Повар
Esagerazione	Преувеличение
Esca	Приманка
Filo	Провод
Fiume	Река
Gancio	Крюк
Lago	Озеро
Mascella	Челюсть
Oceano	Океан
Pazienza	Терпение
Peso	Вес
Pinne	Плавники
Spiaggia	Пляж
Stagione	Сезон

Piante
Растения

Albero	Дерево
Bacca	Ягода
Bambù	Бамбук
Botanica	Ботаника
Cactus	Кактус
Cespuglio	Куст
Crescere	Расти
Edera	Плющ
Erba	Трава
Fagiolo	Боб
Fertilizzante	Удобрение
Fiore	Цветок
Flora	Флора
Foglia	Лист
Fogliame	Листва
Foresta	Лес
Giardino	Сад
Muschio	Мох
Petalo	Лепесток
Radice	Корень

Professioni #1
Профессии #1

Allenatore	Тренер
Ambasciatore	Посол
Artista	Художник
Astronomo	Астроном
Avvocato	Адвокат
Ballerino	Танцор
Banchiere	Банкир
Cacciatore	Охотник
Cartografo	Картограф
Editore	Редактор
Farmacista	Фармацевт
Geologo	Геолог
Gioielliere	Ювелир
Idraulico	Водопроводчик
Infermiera	Медсестра
Musicista	Музыкант
Pianista	Пианист
Psicologo	Психолог
Scienziato	Ученый
Veterinario	Ветеринар

Professioni #2
Профессии #2

Astronauta	Астронавт
Bibliotecario	Библиотекарь
Biologo	Биолог
Chirurgo	Хирург
Dentista	Стоматолог
Filosofo	Философ
Fotografo	Фотограф
Giardiniere	Садовник
Giornalista	Журналист
Illustratore	Иллюстратор
Ingegnere	Инженер
Insegnante	Учитель
Inventore	Изобретатель
Investigatore	Следователь
Linguista	Лингвист
Medico	Врач
Pilota	Пилот
Pittore	Художник
Ricercatore	Исследователь
Zoologo	Зоолог

Psicologia
Психология

Clinico	Клинический
Cognizione	Познание
Comportamento	Поведение
Conflitto	Конфликт
Ego	Эго
Emozioni	Эмоции
Esperienze	Опыт
Idee	Идеи
Inconscio	Без Сознания
Infanzia	Детство
Influenze	Влияния
Pensieri	Мысли
Percezione	Восприятие
Personalità	Личность
Problema	Проблема
Realtà	Реальность
Sensazione	Сенсация
Subconscio	Подсознание
Terapia	Терапия
Valutazione	Оценка

Riscaldamento Globale
Глобальное Потепление

Ambientale	Экологический
Artico	Арктический
Attenzione	Внимание
Cambiamenti	Изменения
Clima	Климат
Conseguenze	Последствия
Crisi	Кризис
Dati	Данные
Energia	Энергия
Futuro	Будущее
Gas	Газ
Generazioni	Поколения
Governo	Правительство
Internazionale	Международный
Ora	Сейчас
Popolazioni	Популяции
Scienziato	Ученый
Sviluppo	Развитие
Temperature	Температуры

Ristorante #2

Ресторан #2

Acqua	Вода
Aperitivo	Закуска
Bevanda	Напиток
Cameriere	Официант
Cena	Обед
Cucchiaio	Ложка
Delizioso	Вкусный
Forchetta	Вилка
Frutta	Фрукт
Ghiaccio	Лед
Insalata	Салат
Minestra	Суп
Pesce	Рыба
Sale	Соль
Sedia	Стул
Spezie	Специи
Torta	Торт
Uova	Яйца
Verdure	Овощи

Salute e Benessere #1

Здоровье и Благополучие #1

Abitudine	Привычка
Altezza	Высота
Attivo	Активный
Batteri	Бактерии
Clinica	Клиника
Fame	Голод
Farmacia	Аптека
Frattura	Перелом
Medicina	Медицина
Medico	Врач
Muscoli	Мышцы
Nervi	Нервы
Ormoni	Гормоны
Pelle	Кожа
Postura	Поза
Riflesso	Рефлекс
Rilassamento	Релаксация
Terapia	Терапия
Trattamento	Лечение
Virus	Вирус

Salute e Benessere #2

Здоровье и Благополучие #2

Allergia	Аллергия
Anatomia	Анатомия
Appetito	Аппетит
Caloria	Калория
Corpo	Тело
Dieta	Диета
Digestione	Пищеварение
Disidratazione	Обезвоживание
Energia	Энергия
Genetica	Генетика
Igiene	Гигиена
Infezione	Инфекция
Malattia	Болезнь
Massaggio	Массаж
Nutrizione	Питание
Ospedale	Больница
Peso	Вес
Sangue	Кровь
Sano	Здоровый
Vitamina	Витамин

Scacchi

Шахматы

Avversario	Оппонент
Bianco	Белый
Campione	Чемпион
Concorso	Конкурс
Diagonale	Диагональ
Giocatore	Игрок
Gioco	Игра
Intelligente	Умный
Nero	Черный
Passivo	Пассивный
Punti	Точки
Re	Король
Regina	Королева
Regole	Правила
Sacrificio	Жертва
Sfide	Проблемы
Strategia	Стратегия
Tempo	Время
Torneo	Турнир

Scienza

Наука

Atomo	Атом
Chimico	Химические
Clima	Климат
Dati	Данные
Esperimento	Эксперимент
Evoluzione	Эволюция
Fatto	Факт
Fisica	Физика
Fossile	Ископаемое
Gravità	Гравитация
Ipotesi	Гипотеза
Laboratorio	Лаборатория
Metodo	Метод
Minerali	Минералы
Molecole	Молекулы
Natura	Природа
Organismo	Организм
Osservazione	Наблюдение
Particelle	Частицы
Scienziato	Ученый

Spezie

Специи

Aglio	Чеснок
Amaro	Горький
Anice	Анис
Cannella	Корица
Cardamomo	Кардамон
Cipolla	Лук
Coriandolo	Кориандр
Cumino	Тмин
Curcuma	Куркума
Curry	Карри
Dolce	Сладкий
Finocchio	Фенхель
Gusto	Вкус
Liquirizia	Солодка
Paprika	Паприка
Pepe	Перец
Sale	Соль
Vaniglia	Ваниль
Zafferano	Шафран
Zenzero	Имбирь

Sport
Виды Спорта

Allenatore	Тренер
Arbitro	Судья
Atleta	Спортсмен
Baseball	Бейсбол
Basket	Баскетбол
Bicicletta	Велосипед
Campionato	Чемпионат
Ginnastica	Гимнастика
Giocatore	Игрок
Gioco	Игра
Golf	Гольф
Hockey	Хоккей
Movimento	Движение
Nuotare	Плавать
Palestra	Гимназия
Squadra	Команда
Stadio	Стадион
Tennis	Теннис
Vincitore	Победитель

Strumenti Musicali
Музыкальные Инструменты

Armonica	Гармоника
Arpa	Арфа
Banjo	Банджо
Chitarra	Гитара
Clarinetto	Кларнет
Fagotto	Фагот
Flauto	Флейта
Gong	Гонг
Mandolino	Мандолина
Marimba	Маримба
Oboe	Гобой
Percussione	Перкуссия
Pianoforte	Пианино
Sassofono	Саксофон
Tamburello	Бубен
Tamburo	Барабан
Tromba	Труба
Trombone	Тромбон
Violino	Скрипка
Violoncello	Виолончель

Tempo
Время

Anno	Год
Annuale	Ежегодный
Calendario	Календарь
Decennio	Десятилетие
Dopo	После
Futuro	Будущее
Giorno	День
Ieri	Вчера
Mattina	Утро
Mese	Месяц
Mezzogiorno	Полдень
Minuto	Минута
Notte	Ночь
Oggi	Сегодня
Ora	Час
Orologio	Часы
Presto	Скоро
Prima	До
Secolo	Век
Settimana	Неделя

Tipi di Capelli
Типы Волос

Argento	Серебро
Asciutto	Сухой
Bianco	Белый
Biondo	Блондин
Breve	Короткая
Calvo	Лысый
Colorato	Цветной
Grigio	Серый
Intrecciato	Плетеный
Liscio	Гладкий
Lungo	Длинный
Marrone	Коричневый
Morbido	Мягкий
Nero	Черный
Riccio	Кудрявый
Riccioli	Кудри
Sano	Здоровый
Sottile	Тонкий
Spessore	Толстый
Trecce	Косы

Uccelli
Птицы

Airone	Цапля
Anatra	Утка
Aquila	Орел
Cicogna	Аист
Cigno	Лебедь
Cuculo	Кукушка
Falco	Ястреб
Fenicottero	Фламинго
Gabbiano	Чайка
Oca	Гусь
Pappagallo	Попугай
Passero	Воробей
Pavone	Павлин
Pellicano	Пеликан
Piccione	Голубь
Pinguino	Пингвин
Pollo	Курица
Struzzo	Страус
Tucano	Тукан
Uovo	Яйцо

Universo
Вселенная

Asteroide	Астероид
Astronomia	Астрономия
Astronomo	Астроном
Atmosfera	Атмосфера
Buio	Темнота
Celeste	Небесный
Cielo	Небо
Cosmico	Космический
Emisfero	Полусфера
Galassia	Галактика
Latitudine	Широта
Longitudine	Долгота
Luna	Луна
Orbita	Орбита
Orizzonte	Горизонт
Solare	Солнечный
Solstizio	Солнцестояние
Telescopio	Телескоп
Visibile	Видимый
Zodiaco	Зодиак

Vacanze #2
Отпуск #2

Aeroporto	Аэропорт
Campeggio	Кемпинг
Foto	Фото
Hotel	Отель
Isola	Остров
Mappa	Карта
Mare	Море
Montagne	Горы
Passaporto	Паспорт
Ristorante	Ресторан
Spiaggia	Пляж
Straniero	Иностранец
Taxi	Такси
Tempo Libero	Досуг
Tenda	Палатка
Trasporto	Транспорт
Treno	Поезд
Vacanza	Праздник
Viaggio	Путешествие
Visto	Виза

Veicoli
Транспортные Средства

Aereo	Самолет
Auto	Автомобиль
Autobus	Автобус
Barca	Лодка
Bicicletta	Велосипед
Camion	Грузовик
Caravan	Караван
Elicottero	Вертолет
Furgone	Фургон
Metropolitana	Метро
Motore	Мотор
Navetta	Челнок
Pneumatici	Шины
Razzo	Ракета
Scooter	Скутер
Taxi	Такси
Traghetto	Паром
Trattore	Трактор
Treno	Поезд
Zattera	Плот

Verdure
Овощи

Aglio	Чеснок
Broccolo	Брокколи
Carciofo	Артишок
Carota	Морковь
Cetriolo	Огурец
Cipolla	Лук
Fungo	Гриб
Insalata	Салат
Melanzana	Баклажан
Patata	Картофель
Pisello	Горох
Pomodoro	Помидор
Prezzemolo	Петрушка
Rapa	Репа
Ravanello	Редис
Scalogno	Шалот
Sedano	Сельдерей
Spinaci	Шпинат
Zenzero	Имбирь
Zucca	Тыква

Vestiti
Одежда

Abito	Платье
Braccialetto	Браслет
Camicetta	Блуза
Camicia	Рубашка
Cappello	Шляпа
Cappotto	Пальто
Cintura	Пояс
Collana	Ожерелье
Giacca	Куртка
Gonna	Юбка
Grembiule	Фартук
Guanti	Перчатки
Jeans	Джинсы
Maglione	Свитер
Moda	Мода
Pantaloni	Брюки
Pigiama	Пижама
Sandali	Сандалии
Scarpa	Обувь
Sciarpa	Шарф

Congratulazioni

Ce l'hai fatta!

Speriamo che questo libro vi sia piaciuto tanto quanto a noi è piaciuto concepirlo. Ci sforziamo di creare libri della più alta qualità possibile.
Questa edizione è progettata per fornire un apprendimento intelligente, di qualità e divertente!

Le è piaciuto questo libro?

Una Semplice Richiesta

Questi libri esistono grazie alle recensioni che pubblicate.

Puoi aiutarci lasciando una recensione
ora a questo link ?

BestBooksActivity.com/Recensioni50

SFIDA FINALE!

Sfida n°1

Sei pronto per il tuo gioco gratuito? Li usiamo sempre, ma non sono così facili da trovare - ecco i Sinonimi!
Scrivi 5 parole che hai trovato nei puzzle (n° 21, n° 36, n° 76) e prova a trovare 2 sinonimi per ogni parola.

Scrivi 5 parole del ***Puzzle 21***

Parole	Sinonimo 1	Sinonimo 2

Scrivi 5 parole del ***Puzzle 36***

Parole	Sinonimo 1	Sinonimo 2

Scrivi 5 parole del ***Puzzle 76***

Parole	Sinonimo 1	Sinonimo 2

Sfida n°2

Ora che ti sei riscaldato, scrivi 5 parole che hai trovato nei puzzle n° 9, n° 17 e n° 25 e cerca di trovare 2 contrari per ogni parola. Quanti ne puoi trovare in 20 minuti?

Scrivi 5 parole del ***Puzzle 9***

Parole	Antonimo 1	Antonimo 2

Scrivi 5 parole del ***Puzzle 17***

Parole	Antonimo 1	Antonimo 2

Scrivi 5 parole del ***Puzzle 25***

Parole	Antonimo 1	Antonimo 2

Sfida n°3

Grande! Questa sfida  non è niente per te!

Pronto per la sfida finale? Scegli 10 parole che hai scoperto nei diversi puzzle e scrivile qui sotto.

1.	6.
2.	7.
3.	8.
4.	9.
5.	10.

Ora scrivi un testo pensando a una persona, un animale o un luogo che ti piace.

Puoi usare l'ultima pagina di questo libro come bozza.

La tua composizione:

TACCUINO:

A PRESTO!

Tutta la Squadra

www.ingramcontent.com/pod-product-compliance
Lightning Source LLC
Chambersburg PA
CBHW082049120626
46553CB00011B/3336